翻轉教育

未來的學習・未來的學校・未來的孩子

文字／何琦瑜・賓靜蓀・陳雅慧等《親子天下》雜誌編輯部　著
攝影／楊煥世・黃建賓

Part III 未來的孩子：你的孩子，究竟該學些什麼？

推薦序

在《親子天下》，看見教育的理想

一群年輕人，他們有的是學前、學齡孩子的母親，有的或許不是，但都對台灣教育有信心，對台灣有盼望，是樂觀、有理想的一群人。

不同的是，他們知道事情並不完美，但不以抱怨、哀嘆度日子，而是充分發揮媒體人的敏銳，不斷問「為什麼是這樣」，又進一步問「那能怎樣？有沒有解答？」「有沒有其他替代方案？」這就是《親子天下》的編輯團隊。他們全然的熱情加上確實的執行力，嗅到問題，劍及履及，走遍天下找方法，到國內外找解方。

一路走來，《親子天下》引進了香港閱讀教育、佐藤學、上海語文教學，以及各種教育趨勢與改革，推介閱讀力、學習力、教學力，一再引導教育話題，帶出風氣。在《親子天下》，讀到教育理想與努力方向，讓親師知道：「做了，就有愛與盼望。」五年來，《親子天下》做出了教育品牌，獲得讀者認同。希望總編輯與所有團隊，好好珍惜贏得的信任，穩穩再走好多個五年。

柯華葳（國家教育研究院院長）

未來的教育趨勢，盡在本書！

未來學習的特色包括主動、社群、終身……，未來學校也許會消失，也可說無所不在……，未來的孩子不只要適應未來，還要創造未來……，這一切趨勢，這一本書將娓娓道來。

詹志禹（國立政治大學教務長）

出版緣起

翻轉思維，給教育更寬廣的未來！

文／《親子天下》總編輯何琦瑜

二〇〇八年，全球金融風暴，百業蕭條。《親子天下》創刊，我和一群同樣熱血的夥伴們，想要為台灣的父母、教師、教育決策者，創建一個可以相互對話、學習、支援的平台。身為兩個孩子的母親，我看到其他父母們跟我一樣的焦慮：世界變化如此之快，我們要如何裝備自己、幫助孩子預備得以安身立命的未來？

這五年，發生了足以影響台灣一整個世代的決策：十二年國教，即將在民國一〇三年正式啟動。曾經有一度，「十二年國教」彷彿是個見不得人的髒字，說出來就遭罵，不論你站在哪一種立場，都有另一方向你丟石頭。媒體裡充斥著各種對立和衝突，和有看沒有懂的「升學專業用語」：免試入學、會考、特招、超額比序……。

這五年，換了三個教育部長，社會的高度關注與價值對立，使得決策者們有時過分勇敢、有時過分膽怯，經常在各方利益的拉扯間，舉棋不定。《親子天下》當然也亦步亦趨的報導這整個歷程與變化。但隨著我的大兒子進入國中，成為十二年國教第二屆學生，眼前這些看似很佔版面的討論與對立，卻無助於我釐清現況、看清未來、做出適當的選擇。「除了責罵、擔心、不信任之外，作為媒體，我們還可以做些什麼，幫助台灣順利渡過這場教育的改革？什麼樣的訊息和知識，能安定家長和孩子的心？幫助下個世代都成為受益者而非受害者？」我和夥伴們自問。

當所有人關注的眼光，都僅僅聚焦在「升學考試的方法」時，《親子天下》希望透過大規模的調查、採訪、研究，深入淺出的報導，「替公子們讀書」；把眼光放遠，視野拉大，幫助讀者們回應比「升學」更重要的提問：現在的困難是什麼？未來該往哪裡去？教育體系該如何轉變，才能培育出能創造未來的下一代？家庭和父母該在何處著力，才能幫助我們的孩子自我實現，擁有成功幸福的人生？

三個難題，挑戰教育的未來

不管有沒有「十二年國教」，或近或遠的三個難題，都挑戰著教育的未來，逼迫著我們必須做出改變：

第一個難題：面對學歷通貨膨脹的「大免試時代」，我們必須重新思考「教育所為何來」？

過往升學考試和分數，是台灣基礎教育、學校和課室管理的核心目的與主要工具。隨著少子化的趨勢，不論有沒有「十二年國教」，全面免試入學都會逐漸成為現實。二〇一三年的高中職錄取率已經九六．七％，大學指考錄取率九四．四％，都紛紛創下歷史新高，也快要逼近義務教育的中小學入學率了。舉個更實際的例子：全台灣入學競爭最激烈的台北市，家長還在為超額比序一、兩分的比序項目是否公平等細節分分計較。其實，民國一〇六年，也就是四年以後，台北市要進高中的學生數僅有約一萬六千人至一萬八千人，相當於台北市所有公立高中的招生名額人數。換句話說，如果沒有任何改變，台北市的孩子閉著眼睛都能進入公立高中。全面免試入學已經不是理想而是現實。私立學校必然要朝更精英化，或是更特色化，才能避免倒閉的風潮。

這背後值得重視的訊息是，過往在家庭和學校裡，用來激勵孩子們「認真讀書、好好學習」的唯一理由：考出好成績、考上好學校，在未來學歷大貶值，少子化和免試入學的風潮下，將顯得益發虛無。除了分數和升學率之外，學校必須重新建構教育的目的。教師和家長，也必須重新理解，孩子為何而學？如果不是為了考試，什麼是驅動孩子熱情努力、自動自發學習的動機？

第二個難題：科技，即將翻轉教育的面貌，也帶來迫在眉睫的新危機。

我們成長的年代，電視只有三台，報紙只有兩家，一般平民百姓所能獲得知識的最主要的來源，就是教室裡的課本，和老師的腦袋。課堂裡老師把所知道的部份訊息努力講給學生聽，透過反覆練習和背誦記憶，用考卷確認孩子們「擁有」了這些得來不易的知識。這就是鞏固傳統學校教育的「學習體系」。在資訊與知識稀有且不易取得的年代，能「記得比別人多」，就是有意義的生存價值。

曾幾何時，有線電視已經超過百台，台灣每年出版的新書破四萬種，還不要提電腦網路把無遠弗屆，無法計算的知識內容，免費的帶到使用者面前。「好不容易記住的標準答案」，三秒鐘就可以google得到，更激烈的是，科技讓知識的生產與翻新速度加倍，現在知道的訊息，三年後可能就完全沒有用處了。

「現代的小孩，每天帶著滿滿的資訊到學校，他們不需要再塞更多資訊，而是需要學習如何『處理』這些五花八門的知識。」英國創意文化與教育中心執行長保羅・寇拉（Paul Collard）如是形容。

如果學生可以自主的從網路上學習，如果他們可以輕易連結全世界最好的學習資源，在家裡聽最棒的老師講課，依照自己的需求和進度學習，那麼「學校」所為何來？「教師」又該扮演什麼樣的新角色？

全世界都在觀察和探索，新科技將如何翻轉我們鞏固了數百年的教育面貌。於此同時，我們也看見數位媒體帶來迫在眉睫的教養新危機：

R（Relationship）網路虛擬關係取代了真人互動，造成新的社交困難與焦慮。

A（Attention/addiction）無法下線、多工處理的腦袋，造成專注和成癮問題。

P（Privacy）網路社群上無節制的自我揭露和透明分享，將造成滑世代小孩的隱私災難。

我們必須做好準備，讓數位新科技成為引領教育改革的積極助力；不要讓我們的數位小孩，僅僅只是沈迷、上癮、流亡於這個黑暗的分心時代。

第三個難題：充滿空虛、缺乏目的感的「無動力世代」成形。

台灣整體經濟發展起飛，中產階級大量出現大概是一九八〇年代之後的轉變。在這之前，我們的「小時候」，努力唸書、考上好學校、趕快工作賺錢，好讓家裡生活過得好一些，是驅動我們上進、不需思考的「目的」和「動機」。生存的現實壓力，使得我們這一代，以及上一代，中年之前都還停留在「馬斯洛需求三角形」的底層：滿足衣食住行的生理需求、滿足身家財產安全與基本尊嚴的需求……，因為經濟的匱乏如此清楚迫切，使得我們很容易找到必須努力上進的理由。

但這一代和下一代中產階級家庭的孩子們，多數不需要再為「改善經濟條件」而努力，父母不在意「家裡多一雙筷子」，於是乎世界各地都出現了不升學不就業、畢業回家吃父母的「尼特族」、「啃老族」。經濟條件許可的中產家庭，不遺餘力的為孩子安排好各式補習和才藝，安排好不需冒險的前途。這一代的孩子，缺乏自我探索的時間和冒險的機會。沒有經濟壓力的虛無感，反而讓他們提早撞見馬斯洛三角形頂端「自我實現的需要」：這一切努力所為何來？我是誰？我想要成為什麼樣的一個人？做什麼會讓我自己覺得有價值？

因而，提早為我們的下一代，建立正向的目的感與意義感，是教育體系必須更重視的關鍵議題。

「如果你進到一個典型的課堂，去聽聽老師都在囑咐學生做些什麼，你會聽到大量的作業分派，考試的指示，以及一連串狹隘，工具性的目的，像是在班上表現優異，以及避免失敗，但你很少聽到老師和學生討論任何一個可能會帶他們到更寬闊視野之目的的質問和思考：為什麼人們要讀詩？為什麼科學家要分裂基因？為什麼我要這麼努力成為老師？」史丹福大學教授威廉．戴蒙，在《邁向目的之路》一書中的描述，直指當前教育必須改革的核心。

四大關鍵能力，幫助孩子面對未來

面對三大難題，台灣教育應該如何轉變？這本破十萬字的《翻轉教育》，就是《親子天下》編輯群們，五年來的初步探索。我們看見，台灣的困境，其實不是台灣獨特的困難，全世界都在掙扎於少子化、學歷通貨膨脹、資訊科技的快速發展帶來的社會和教育翻轉。好消息是，不同國家和文化，卻有著類似的反思，也逐漸嘗試出一些值得參考的出路和方向。

《翻轉教育》從「未來的學習」、「未來的學校」、「未來的孩子」三個面向切入。每一個篇章都試圖透過綜觀現況，了解「現在」與「未來需求」的差異，進而嘗試探索可能的解決方案。我們也試圖回答老師和父母最焦慮的根本問題：「世界變化如此之快，現在的孩子到底該學些什麼？」初步統整了四個學校與家庭裡可以著力的重點：一、動機與探索力；二、閱讀思考力；三、自律學習力；四扎根品格力。

《翻轉教育》一書，企圖從台灣的需求出發，汲取世界養分。這本書也像是一場精彩的紙上論壇，針對我們真實的關心，探問全世界有創見與作為的大師和專家們。《親子天下》希望能幫助父母、教師、學校、決策者，看到各種正向的可能。當我們回到家庭、學校、社會，都能在自己的職分中，得到積極的力量和幫助。

最後，容我簡單介紹一下這本書的共同作者，她們也都是《親子天下》優秀的編輯團隊：本書多數報導是由副總編輯賓靜蓀、陳雅慧執筆。賓靜蓀大學就讀台大歷史、在美國取得視聽教育碩士，在日本學習一年日語，曾定居德國十年，深諳各國語言，是編輯部裡最倚重的「國際視野」。陳雅慧是比利時魯汶大學歐研所和台大科法所的雙碩士，在報導過「華德福學校」之後，舉家移居宜蘭，為了讓兩個孩子念華德福學校、追尋她心目中理想的教育，日日從宜蘭通勤上班。

其他文章執筆人還包括前任總主筆許芳菊，召集人張瀞文、李宜蓁，資深記者林韋萱，研究編輯李岳霞等近十位編輯部同仁。《翻轉教育》記錄了《親子天下》這五年的探索，除了作者們之外，背後還有許多編輯團隊的努力：文稿、攝影、美術設計們的投入，無法一一點名，謝謝最後總其成的資深主編李佩芬。也特別感謝當年大膽投入資源，在金融風暴時期支持《親子天下》創刊的《天下雜誌》集團發行人殷允芃。她一直是我們在媒體工作的典範，讓我們看見，堅持理想的必要與可能。

Part. I

未來的學習

為何孩子
從學習中逃走？

你怎能讓一個九歲的孩子，
坐在教室裡不停的死背數學乘法表？
這有什麼意義？

——摘自「未來教育」（Future Learning）紀錄片
2013 年 TED Prize 大獎得主
蘇伽塔・米特拉（Sugata Mitra）受訪內容

攝影／楊煥世

編者的話

教與學的改革，才是當務之急

文／何琦瑜

二〇一二年，十二年國教「超額比序」原則，佔據各大媒體的版面。分區說明會連總統馬英九都出席「鎮場面」，似乎暗示著眼前有著難以弭平的爭議。瑣碎的討論背後，其實隱含了台灣社會長期以來，兩種極端價值觀的衝突：

一端是憂心忡忡的「精英主義派」，他們擔心：如果不考試學生怎麼會念書？如果沒有考試，學生怎麼管理？如果沒有考試，沒有辦法將學生分出層次，教師將無法因材施教，高中會陷落於平庸化，精英教育將會被消弭……

另一端是視考試為禁忌的「快樂學習」派，他們主張：只要有任何「類考試」形式的成績、比賽或競爭，都是該打擊、消滅，務必除之而後快的障礙。彷彿要達到「成就每一個孩子」的理想，必須在「沒有考試」的前提下，才有實現的可能。

這兩股看似相反的力量，卻恰巧有著極大的共識，都是「以考試為中心」展開對教育的檢驗和討論。十七年前的教改，從這裡出發，卻在困局中迷了路。即將邁向十二年國教時代的今日，絕對不能再以此為起點。

拜託！問題是教學！

面對十二年國教，我們更應該要問的是，基礎教育的第一現場：學校、教室、教師，到底應該要做哪些改變，才能幫助下一代，更有適應未來社會、實現自我的能力？拿掉了「考上好學校」的紅蘿蔔之後，該用什麼方式激勵學生認真學習？如何激發學生的學習興趣與動機？如何透過多元的評量方式，培養學生除了「會考試」之外，更扎實的核心能力？

走訪台灣的國中，那種與三十年前雷同，「不變應萬變」的教學現場：一位聲嘶力竭拿著麥克風從頭講到尾的老師，多數沉默被動的學生。不變的教室風景，早已無法因應新時代與新需求。

根據《親子天下》的「國中生學習力大調查」顯示，五成五的國中生沒有強烈的學習動機；近六成的學生，下課後鮮少有意願主動學習新知，包含看課外書、培養自己的興趣嗜好，都意興闌珊；三年的國中教育，並沒有幫助國中生裝備自己，成為更有自信、更熱愛學習的人。「愈學愈不滿意，愈學愈失去熱情。」學校教育，加速讓學生「從學習中逃走」。

《親子天下》的調查結果並不獨特。在多次TIMSS「國際數學與科學成就趨勢調查」中也發現，台灣十三歲國中生的數學與科學成績稱羨國際，通常都能拿到世界前三名，但是國中生的學習興趣與自信，卻超級低落。學習，是一種沒有樂趣的「勉強」。

但，僅僅是拿掉基測與考試，學生的學習動機、熱情與意願，就會「恢復正常」了嗎？答案恐怕也是否定的。

考試之外，教師的新裝備

《親子天下》的調查也清楚顯示：多數的老師們認為「沒有基測，會降低學生的學習動機」；超過八成的老師同意「不考試，學生就不會讀書」（見十九頁）。長期以來，「考試」已經是教師管理或刺激學生學習唯一且最重要的工具，如今斷然拿掉了考試，卻沒有提供教師新的裝備與能力。這種情況就好像是零體罰入法之後，教師傳統的管教工具「體罰」被拿走，卻沒有建構新的輔導管理知能，教室必然會面對一場管教或學習的「真空期」，充斥著混亂和束手無策的無力感。

我們應該要更積極的去想像、準備，沒有了「考試領導教學」，或是拔除了「考試取代教學」的緊箍咒之後，新的教學風貌應該是如何呢？

《親子天下》的編輯群，試圖從不同的角度探索這個比「超額比序」更重要的命題。

在資訊氾濫，電腦取代傳統記憶的新時代，世界各國的教育都轉型為「以學生為中心」：看重學生「如何學」，多於老師「教什麼」。讓學生、教師、家長，成為互動交流的「學習共同體」，而不是單向的「你教我聽」。

因此，我們探訪了鄰近日本「學習共同體」的革命。日本曾與台灣有著雷同的命運：二〇〇二年，日本政府實施「寬鬆教育」，減少三成的教科書內容、增加選修、降低必修課程分量，回應社會普遍對於「學生壓力太大」的呼求。但降低期待與內容的快樂學習，卻無法重建學生的學習動機、解救崩壞的學力。

於此同時，東京大學教育學研究科教授佐藤學，開始推動「學習共同體」的革命，試圖從問題的核心：教與學的改造切入。他帶著老師和學校打開教室的大門，透過不斷的觀課、同儕學習，打造老師成為「少說多聽」的「學習專家」。學生從學習的「旁觀者」，透過專題式的教學設計與活動，成為課堂中活躍的「參與者」。這場寧靜革命成功改變了三千多所學校的風貌，讓許多面臨崩壞的公立學校，重新找回失落的學力，降低了校園霸凌、少年犯罪，也改善了因「學習的無效」所衍生的各種問題（專訪見三十四頁）。

學習革命，不是從單一教師開始

如何改變教師與教學現場的傳統思維，把投注在填鴨記憶的無謂精力，轉化為培養學生「獨立思考能力」；讓教師成為學習的「引導者」，幫助學生擁有終身受用的學習方法和策略，是台灣教育轉變的核心。這場學習革命，不應該期盼單一或少數教師的改變就能扭轉劣勢，而是需要整個系統的翻身改造，更需要家長和整體社會價值觀的支撐。

搶救「無動力世代」

台灣現況

文／何琦瑜・賓靜蓀・張瀞文

課堂裡，老師認真寫著板書，台下孩子沒有發言、沒有表情……

《親子天下》調查發現，過半數國中生認為自己學習動機並不強烈。學習對台灣孩子的意義，究竟是考核？是分數？是明星學校爭奪戰？還是應該重回學習的起點，思考教育之於人的真正意義？

台北市中心

國二、個頭瘦小的志偉（化名）是個數學資優生，就算沒念書，考試的PR值都超過九十。但是他國文、英文特別不行，常在及格邊緣徘徊。從國一下學期開始，他就補習全科，週一到週五，每天固定從晚上六點十五分開始補到十點。

國文課讓他很痛苦。每天上課前，國文小老師負責帶大家唸課文；老師一來，就開始講解課本、重點、抄黑板，課文難度高的時候，老師會寫滿兩個黑板。上課要求完全的安靜，因為老師說：「打鐘以後，你們就沒有講話空間！」

他的英文老師則要求大家每天背課文，錯一次扣兩分，一字不漏才行，用意思相同的替代字也被扣分，九十分才過關放學。「老師不喜歡上課有人講話，不管講什麼都不行。不可以反駁老師，會被罵、罰抄課文單字，外加音標、解釋，一個字要寫十次……我真的不喜歡背書，也不喜歡只能有一種想法，這樣上課我看到書就頭痛……」志偉描述自己的心情，他曾經有一次背書背到把國文課本都給撕了。

距離市中心四十分鐘的南部小鎮國中

國一A段班教室裡。一天八堂課，每一科的老師都教得很用力，學生看起來安靜乖巧。但是孩子們的「靈魂」不在教室裡：常常有小孩被叫到台上回答題目，才恍然一驚連老師問什麼題目都不知道。老師把教與學的責任都攬在身上，學生坐在台下被動的等著抄答案。

這是一所能力分班、超時上課、老師會體罰的國中（是的，這樣「傳統」的國中還普遍存在著）。有的老師會公布孩子每週成績排名，但看起來兇巴巴的導師其實很關心學生。他能細數班上每個孩子的狀況、家庭、學習的難題，只是他找不到「其他」更好的方式可以激勵學生的學習。學生們也感受得到老師的真心。只是上課真的太無聊了。問他們喜歡上課嗎？孩子們說：「沒什麼感覺啊，日子就是這樣過。」

危機！「無動力世代」成形

這兩個個案不是例外。缺乏動機、被動、受創的學習經驗，早已是國中生普遍的痛。

二〇一二年根據《親子天下》針對國中生的「學習力大調查」顯示，五成五的國中生

超過 5 成學生學習動機不強烈，
他們身體在教室，靈魂卻不在。

認為自己學習動機不強烈。年紀愈大，學習欲望愈低落（表1-1）。而教師問卷更顯示，八成老師認為學生沒有足夠的學習動機（表1-2）。

經過在學校八堂課，加上補習班的「加班」工時之後，所有主動學習新知的欲望和行動，都被消磨殆盡。調查顯示，放學回家以後，除了上補習班的時間外，近六成的孩子不太會想要再主動學習新知識、閱讀課外書或是鑽研自己的興趣嗜好（表1-3）。

大部分學生的學習僅僅只能被「考試」驅動。調查顯示：如果沒有考試，國中生會經常、主動閱讀課內相關書籍的比例，低於三成（表1-4）。超過八成的老師同意，多數學生不考試就不會念書（表1-5）。

有趣的是，問國中生「十二年國教的實施，即將取消基測，你認為會不會降低你學習的意願？」近六成的學生回應是「不會」。但是年級愈高，把「基測」和「學習」劃上等號的比例也愈高。剛進國中的七年級生只有二成學生會「為基測念書」，但到了九年級，為基測才念書的比例升高到近五成（表1-6）。

調查數字或可窺見，把學習動機和考試掛鉤，並非學生天性使然，而是學校、社會、家長期望與整體氛圍，打造出只為考試學習，愈來愈被動的一代。

現象！青少年患了「無聊症候群」

諮商心理師賴聖洋觀察，缺乏動機的孩子的確愈來愈多，許多青少年患了「無聊症候群」：「他們抱怨學校很無聊，但是你要他們別念了出去玩，他們還會問：『那要玩什麼？』」賴聖洋說，這是很典型缺乏動機的回答。

還有一種學生是沒有學習動機，但還願意「笑納」的。賴聖洋形容他們「身體坐在教室內，靈魂卻不在」，這些教室裡的「客人」大多順從聽話，整體呈現出一種「專心聽講」的假象。他們雖然沒有放棄學習，但也沒有樂在學習。

■ 1. 學習動機崩壞中

1-1 5成以上學習動機不強烈

Q 你覺得自己的學習動機？

	強烈＋非常強烈(%)	不強烈＋非常不強烈(%)
整體	44.5	55.5
七年級	50.8	49.2
八年級	42.5	57.6
九年級	40.4	59.6

1-2 8成老師認為學生學習動機不足

Q 普遍來說，你（教師）覺得學生有沒有足夠學習動機？

1-3 近6成孩子放學後不想主動求知

Q 放學後，除了補習，你會不會想要主動學習新知？（如，閱讀課外書，鑽研興趣或嗜好）

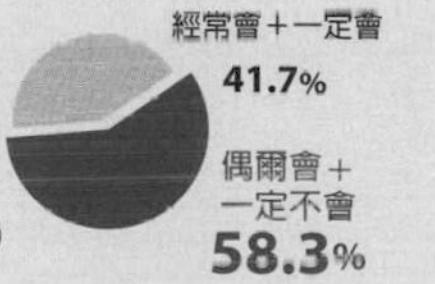

1-4 若不考試，會主動讀書的低於3成

Q 如果沒考試，你會不會主動讀書（課程內相關的書）？

1-5 8成老師同意不考試就不會讀書

Q 你（教師）同意「多數學生不考試，就不會讀書」的說法嗎？

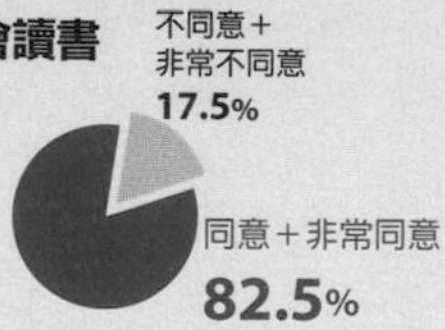

1-6 年級愈高的學生愈會為基測而讀書

Q 十二年國教的實施，即將取消基測，你認為這個會不會降低你學習的意願？

	會(%)	不會(%)	其他(%)
整體	34.3	59.0	6.7
七年級	21.6	73.4	5.0
八年級	34.0	58.3	7.7
九年級	47.1	45.6	7.2

憂心！學生愈學愈失去熱情

《親子天下》調查更發現，國中的學習，對許多學生而言是一場充滿創傷的旅程。調查比較七、八、九年級的回應，發現：

三成的國中生對自己的學習成果不滿意；年級愈高，對自己不滿意的學生比例愈高（表2-1）。

近四分之一的學生，無法完全聽懂老師上課的內容；年級愈高，聽不懂老師上課內容的學生比例愈高；九年級聽不懂老師上課內容的學生比例，比七年級增加了一〇%（表2-2）。

將近三成的學生對自己沒有信心；沒有自信的學生比例，隨年級而逐漸增多（表2-3）。

問國中生最討厭的科目，在八大領域的學習中，數學、自然、英文、國文、社會，佔據最多時間的五大主科「名列前茅」；最喜愛的卻是點綴性的課程：健康與體育、藝術與人文和綜合活動（表2-4）。

對許多學生而言，學習，等於創傷。花蓮東華大學諮商與臨床心理學系副教授李維倫，曾經要求大學生寫自己的學習經驗，「結果寫的都是創傷經驗；而台大心理系老師請學生寫創傷經驗，結果也都是學習經驗，」李維倫說。

長期帶大學生參與國小認輔計畫的李維倫觀察，在花蓮，近八成的國中生是陪讀、跟不上進度的；但學校依然用「台北市中正國中」的體制和課程去約束他們。

「如果將學習程度和項目分為四個向度，孩子若一出手在中等以上，那他就會鞭策自己；但若一出手在中等以下，而且大部分學生都在中下範圍，其實他需要老師在旁邊，告訴他可以如何繼續往前，不用依照別人的標準去學。但我們現在的教育是，老師一直站在前面，多數的學生被放棄，」李維倫說。

諷刺！上學，加速學生「逃離學習」

三年的國中教育，這個成人口中暫時必須忍耐的「辛苦」，能夠幫助學生養成獨立思考和判斷的能力、讓學生更有自信的面對下一階段的學習嗎？多數的國中教師回應卻是：不行！

教師問卷顯示，近六成的老師們認為，大多數學生經過三年的國中教育後，不會對自己更有自信（表3-1，二十五頁）。半數以上、五成六的老師認為，國中課程並不能夠幫助學生養成獨立思考和判斷力（表3-2，二十五頁）。

調查數字或可窺見，國中教育的教學，沒有辦法激發學生對知識和學習的熱愛，卻加快學生「逃離學習」的速度。而第一線老師，感受到困難，卻找不到改變的方向。

■ 2. 國中生愈學愈沒自信

2-1 1/3國中生對自己學習成果不滿，年級愈高比例愈高

Q 總體來說，你對自己學習成果滿不滿意？

	滿意+非常滿意(%)	不滿意+非常不滿意(%)
整體	67.5	32.5
七年級	72.8	27.2
八年級	67.4	32.6
九年級	62.3	37.6

2-2 近1/4無法完全聽懂老師上課內容，年級愈高比例愈高

Q 你是否同意「老師上課的內容我多數都聽得懂」？

	同意+非常同意(%)	不同意+非常不同意(%)
整體	77.2	22.8
七年級	83.5	16.5
八年級	75.2	24.7
九年級	73.0	27.0

2-3 近3成對自己沒有信心，年級愈高比例愈高

Q 總體來說，你對自己有沒有信心？

	有信心+非常有信心(%)	沒有信心+非常沒有信心(%)
整體	72.3	27.6
七年級	76.0	24.1
八年級	71.1	28.9
九年級	70.0	29.9

2-4 最討厭數學，最喜歡健康與體育

Q 你最討厭的科目是什麼？（%）
（可複選至多 3 項）

數學	48.3
自然與生活科技	44.1
英文	37.5
國文	28.2
社會	22.2

Q 你最喜歡的科目是什麼？（%）
（可複選至多 3 項）

健康與體育	54.6
藝術與人文	34.4
綜合活動	28.7

走訪國中現場，不論是都會公私立名校，還是偏鄉小校，依然是數十年如一日、如出一轍的教室風景：拿著麥克風聲嘶力竭的老師，和多數時間沉默被動的學生。讀書考試還是強調鉅細靡遺的背誦、反覆練習。從七點半的早自習開始，到第八堂課，教室裡滿是事不關己、無奈、發呆的眼神。學習效果不彰，還得延長學習「工時」，在校晚自修、上補習班，週末補課，全年無休。

國中還在用工業時代的運作方式，要求孩子投入冗長的「學習工時」，卻從來沒有檢視、提升學生在每堂課可以得到「有效的學習」。

迷思！拿掉基測，新的動力在哪裡？

三月底，十二年國教「超額比序」原則，沸沸揚揚的佔據各大媒體版面，彷彿國民教育被化約為只剩下「考試」和「入學」。在總統馬英九參與的「十二年國教分區說明會」中，可以清楚看到家長和社會價值分裂的核心：一派認為，沒有了「考試」，國中教育就會恢復正常；另一派卻執著，一定要維持考試的傳統，透過考試能力分級，才能「因材施教」，保障精英教育的品質。似乎所有的教育，都以「考試」為支幹，卻鮮少人探討，國中教育除了「考試」之外，十二年國教時代該帶給學生什麼「不一樣的學習經驗」？

「現在的七年級老師就是陷在一團迷霧中，你只是把我原來在做的（基測）廢除了，但沒有告訴我新的方向到底該怎麼做？」台北市實踐國中教師簡素蘭觀察，過往「考試領導教學」，老師還知道如何利用考試管理學生；但是十二年國教拿走了考試，卻沒有正向的為教師配備、建構「新的學習模式、新的方法、新的重點」。

「如果十二年國教只是為了『減輕壓力』，就一直把教材弄簡單、考試考簡單，真的不一定好，學力會下降的，」曾經拿過SUPER教師獎的資深教師簡素蘭，觀察她教書二十五年來的變化，發現M型後段的學生，在九年一貫以後比例愈來愈多：「以前一班四、五十個人，只有兩、三人不能讀，現在一班二、三十人，就會有超過五個人不能讀，」簡素蘭憂心，只談「減壓」的十二年國教，會讓中後段的孩子更加弱勢。

借鏡！日本寧靜革命，重建學習動機

「孩子從學習中逃走」，以及教學現場感受到學力崩壞的憂心，台灣的處境並不獨特。日本在十年前就遭遇同樣的困難。也和台灣一樣，日本政府企圖透過免試、減壓、削減教育內容三成的「寬鬆教育」，試圖解決問題，但學生的學習動機和學力，依舊如江河日下。另一方面，主張恢復勤管嚴教、加長上課時數、大量背誦反覆練習的傳統派，卻也發現走回頭路無濟於事。

東京大學榮譽教授佐藤學試圖在「傳統復古」與「快樂學習」兩派中，找尋教育的「第三條路」。他分析，韓國、日本、台灣、中國，都有類似的「東亞教育危機」。因為戰後這些東亞國家，透過「有效、密集的教育」，進行「壓縮的現代化」。把歐美國家兩、三百年才能達到使社會富裕的現代化歷程，透過教育體制，在五十年內就壓縮完成了。透過金字塔型、直線式的教育與升學淘汰機制，很有效率的讓學生能夠透過受教育翻身，躍升到比父母輩更好的社會階層。過去四十年，教育一直是東亞國家促進社會階層流動最有效的方法。也因此，為了讓自己有更好的經濟生活、更好的社會階層，上一代有著充分的「學習動機」，讀書是一種「勉強」（為考試而念書），但因為「勉強」後有清楚的收穫，

近 1/4 的學生，無法完全聽懂老師的上課內容；
年級愈高，聽不懂的比例愈高。

即使辛苦，也能維繫住蓬勃的學習欲望。

但是經濟發展已經到達平原期、成長停滯的東亞國家，「學歷＝前途」的必然連結被打破。學生再也不能憑著學歷和成績，找到翻身的必然途徑。社會逐漸多元轉型，但教育體系與教學現場，仍以不變應萬變的，只重視孩子以「應試」為目的的學習。這使得無論如何改革課程與考試內容，都不能解決「無動力世代」的被動，而學校也因為有眾多「學習無效」的學生，使得霸凌、少年問題叢生。

佐藤學參考歐美經驗，在日本掀起了一場「學習共同體」的寧靜革命，強調教育的改革，應該從教室、教師的教學方法開始，讓學生成為學習的主人和參與者，感受到學習真正的樂趣，也讓多元異質的學生彼此學習、共同成長，教師扮演引導者而非權威者。這套被證明成功有效的學習模式，因而被三千多所學校廣泛採用。

行動！十二年國教，要聚焦於「教學」

日本的殷鑑不遠。十二年國教的下一步，應該要聚焦於教學，幫助老師利用新的方法，重建失落的學習。

在此次《親子天下》的調查中，近七成的學生表示，鮮少有機會在課堂上表達自己的看法（表4-1）；近七成的學生幾乎沒有小組討論的機會（表4-2）；四成五的學生，遇到功課上的問題，鮮少找同學幫忙（表4-3）。每個學生在課堂學習時，就像個獨立無援、沉默的孤島。

而學生對學習是有想像和渴望的。超過八成的國中生回應，和同學一起分組學習，會

近 7 成的學生，幾乎沒有小組討論的機會，
每個學生在課堂學習時，就像個獨立無援、沉默的孤島。

很有幫助（表4-4）。而最能幫助學生學習的老師，前三大類型是：提供鼓勵、讓學生動手做、很會說故事的老師（表4-5）。國中生上述的回應，提供了學校「提升學習動機」的線索。

教學現場，地方政府、學校領導人、第一線教師，也開始萌生改變的想法和行動。

「其實孩子可以做的超過想像，不是孩子沒辦法，是我們給得太單調了。課程解構鬆綁之後，過去的不要了，那未來的需要是什麼呢？」建構探索課程重新提升學力的新竹市光武國中總務主任林

■ 3. 老師察覺困難卻無力改變

3-1 近6成認為孩子不會因國中教育更有自信

Q 你（教師）認為大多數學生經過國中教育後，會更有自信嗎？

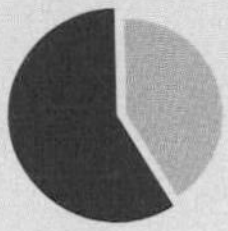

同意＋非常同意 41.6%

不同意＋非常不同意 58.3%

3-2 過半數認為國中課程無助學生獨立思考

Q 你（教師）認為國中提供的課程、活動和學習，能幫學生養成獨立思考和判斷能力嗎？

同意＋非常同意 43.9%

不同意＋非常不同意 56.2%

■ 4. 上課方式有待革新

4-1 近7成上課時較少機會發表看法

Q 上課時，你有沒有機會發表自己的看法和提問？

經常有＋每堂課都有 32.2%

偶爾有＋從來沒有 67.8%

4-2 近7成上課時少有小組討論

Q 在學校上課，有沒有小組討論的機會？

經常有＋每堂課都有 31.7%

偶爾有＋從來沒有 68.3%

4-3 4成5功課有問題不會找同學幫忙

Q 你如果有功課上的問題，會不會找班上同學幫忙？

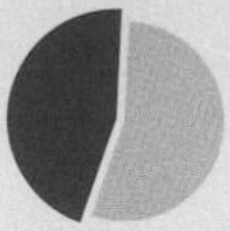

經常會＋一定會 54.9%

偶爾會＋從來不會 45.1%

4-4 8成以上認為分組學習是有幫助的

Q 你覺得和同學一起學習，如分組學習，對你有沒有幫助？

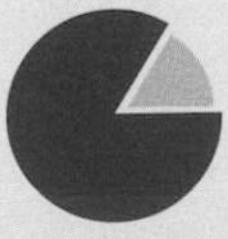

沒有 16.1%

有 83.9%

4-5 會鼓勵、提倡動手做、會說故事的老師最有助學習

Q 你覺得哪種類型的老師最能幫助你學習？（%）（可複選至多3項）

常常鼓勵我	52.1
會讓我們動手做	48.8
很會說故事	46.6
要求很嚴格	12.1
經常考試	10.7

茂成強調。

「十二年國教的核心是什麼？它的手段應該是『活化教學』，達到『讓學生獲得關鍵能力』的目標。活化教學沒有辦法靠一個老師完成，校長做為一個領導人，必須在學校的教學、活動、制度、設施上立下規準，」台北市中山國中校長張勳誠，讓這所曾是社區家長急著將孩子轉走的學校在兩年後招生額滿。當初張勳誠了解閱讀是關鍵能力，就在學校訂下了全校晨讀的時間、提供閱讀的書籍，並設計班級戲劇分享、讀報PK賽，儘可能提供老師閱讀教學的資源與方法。

私立華興中學校長梅瑞珊也強調，十二年國教，就是希望國中端可以減少精熟的練習，有餘裕開始教學生「學習如何學」，有餘裕把「為什麼」講清楚，有時間增加學習的樂趣。但是關鍵要回歸到老師的訓練和重新學習。

有心的教師們，也渴望能用「新的方法」學習。根據《親子天下》對國中老師的調查發現，過往傳統單向式、演講式的教師研習已經過時。六成以上老師認為，同儕相互學習、教學的自我反思，對提升個人教學和班級經營最有效（表5-1）。台北市推動的「校長觀課」，也有近六成老師贊成（表5-2）。

台北市政府前任教育局長丁亞雯，從二〇一一年開始規劃了「精進教學計畫」，希望有系統的幫助老師重建與活化教學，安排輔導團的老師和校長，參訪了紐約中小學透過新科技的教學運用，也到上海親訪獲得PISA閱讀素養第一名的上海教育改革。

天母國中校長林美雲，在上海參訪最受震撼的是：「我們的考試題目很少讓學生去想、去思考。」林美雲希望，未來會考也能比照PISA模式，讓學生能夠思考、表達、回應有意義的題目。「如果怎麼考是大家在意的，那麼就應該更重視考試的方式，」林美雲說。

對於教學的重新建構、教師能力的更新培育，有些私立學校的腳步走得比公立學校強悍。面對台北市才剛要推動校長觀課，還紛紛擾擾停留在「法源」依據的爭執上，被定位為「貴族私校」的薇閣中、小學，早已經導入了十幾年的「觀課傳統」。「教學過程和班級經營，是所有學校品質的關鍵，」薇閣中學校長李光倫每週都有自己的觀課時間表，他也親自參與主導每堂觀課後教師的討論。學校建構教學輔導系統，讓各科老師從觀課中相互成長。「老師來應徵時就告知這個傳統，這是學校的文化，沒有人會反對，」李光倫說。

十二年國教就要啟程上路，關鍵成功因素，絕對不在於「超額比序原則」。我們應該期待，這一場學習的革命，要從教室開始。讓教師成為「學習的專家」，讓學校成為有助於學習欲望滋長的花園。家長和整體社會，也應該改變關注的焦點，在大免試時代，重新啟動下一世代孩子們的學習動機。

■ 5. 老師也需要更新「學習的方法」

5-1 與同儕學習最有助老師成長

Q 在你（教師）個人教學和班級經營的專業成長方面，最有效的方式為何？（可複選至多 3 項）（%）

教師同儕相互學習	81.9
教學自我反省	68.2
專家演講式的教師研習	44.2
進修學位（如讀碩士、博士）	25.6
行動研究式的專案學習	24.6

5-2 近 6 成老師同意開放觀課

Q 最近台北市教育局開始推動校長觀課，你（教師）個人同意開放教師的課堂，讓其他人觀課嗎？

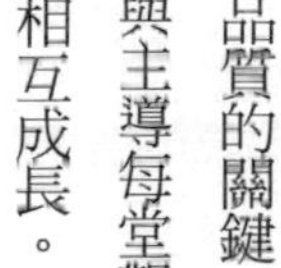

調查說明《親子天下》雜誌「國中生學習力大調查」分別針對國中7、8、9年級學生與老師進行郵遞調查，執行時間為2012年2月24日至3月19日，學生發出4,386份問卷，回收有效3,594份，回覆率81.9%；老師發出994份問卷，回收有效691份，回覆率為69.5%。　調查執行：《天下雜誌》調查中心

現況反思

誰把台灣少年考笨了？

文／陳雅慧

一天考十幾張考卷，從國英數到美術音樂體育……，知識與能力全簡化為選擇、填充題；每天上課超過十小時，一切所為何來？《親子天下》實際深入台灣四個縣市國中，當一天的國中生，帶你一同感受國中生的真實心情。

「『蓉少時讀書於養晦堂西偏一室』：我年輕的時候在養晦堂西邊的一個房間讀書。『俛而讀，仰而思：思而弗得，輒起？』低著頭讀書，遇到問題就抬起頭來思考……『仰而思：思而弗得』，這樣的修辭就是『頂真』。」國文老師正在教九年級國文第六課劉蓉〈習慣說〉。老師一字一句唸著翻譯，學生低頭窣窣抄寫。下課前十分鐘，老師說：「把書闔上默背一遍……好，現在拿出半張測驗紙，半張就好，開始默寫『翻譯』。」

教室後面的布告欄，貼著一篇文章叮嚀這群即將上考場的學生：「多考試可以減輕考試壓力、多考試可以熟悉考試技巧」。

＊　＊　＊

下午三點打掃時間，瀏海蓋住眉毛、一頭長髮的九年級女生，一邊把椅子搬到桌上，一邊喃喃背著手上的題庫：

1中國山水一直到＿＿＿才漸漸脫離人物畫而形成一門獨立畫科。（隋唐時代）

2盛唐畫家＿＿＿以工整細潤而華麗的手法，彩繪出大唐風光，是稱＿＿＿。（李思訓、金碧山水）

3五代過後，＿＿＿加上＿＿＿與＿＿＿的變化，使山水畫的表現更豐富。（破墨、皴法、墨色）

4＿＿＿所作＿＿＿描繪關、陝一帶的大山水，陡直的山峰聳立於畫面＿＿＿，＿＿＿構圖表現出山的氣勢與雄偉。（范寬、谿山行旅圖、中心、巨幅）

5……

這張印滿題目的B4紙是什麼？

「下一節美術課要小考，這是老師給的題庫，」這名女生回答，還補上：「我最討厭上美術課！」

一紙貼在教室後面的公告說明了原因：「為提升學生藝文氣息，及因應未來免試升學成績計算，本校於本學年度起將於每學期第二次段考加考【藝文測驗】，範圍如下，美術……、音樂……」老師把告示上「免試升學」，用紅色簽字筆打了醒目的框框。

為了因應免試升學，現在各大教科書出版商，都已為學校和老師準備好藝術與人文科不同進度的測驗卷，以期能「公平公正」的「計分」。

＊　＊　＊

時間是國中段考剛考完的十月某個週三下午全校自習課。地點在台北市一所明星國中的教室裡。全校九年級正埋頭進行「複習考」，也就是模擬考。七、八年級多數的班級也都在考試，有的考歷史，「請按照次序，寫出括號內的朝代名稱，錯字全錯」。有的考國文，「陶淵明字＿＿＿，詩……（元亮、質樸自然）」。七年級教室黑板上有七、八樣功課：考試、講義、默書、七點十五到校打掃等。每一名學生的課桌透明桌墊下，有段考成績單，包含全班每個人每一科的分數、班級排名、校排名。

「我每天光簽考卷，就要簽十幾張，怎麼才國一就這麼誇張？」一位七年級學生的家長如是抱怨。這個不補習的孩子，每天念書寫功課要到深夜才能上床。

這些片段不是特例，而是在台灣不同縣市、真實的國中校園現場。

免試入學，形成考試人生

雖然過去基測或未來會考的出題方向已經大幅調整，不陷入各版本教科書的細節。試圖檢測「基本能力」，而非「記憶性細節」；但國中教學現場，卻還停留在二十年前的教學重點：強調精熟、記憶、反覆背誦搜尋引擎二十秒就可以找到的資訊。

「沒錯，我們正把國中生愈教愈笨！笨就算了，他們還愈來愈不快樂！」一位參與國中升學制度審議委員會的校長痛心的說。

「藝能科也用填鴨考試來評分，真的是違背教育良知，這可能讓孩子一輩子痛恨美術或音樂的考試，是國民教育大危機！」一所完全中學的校長說。

在十五歲這個最能夠做夢、形塑自己未來的年紀，國中生最大的希望竟然只是卑微的「能到戶外上上課，不要考那麼多」。

國中生的一天

九年級（國三）學生的一天是這樣開始的。早上七點十五分在教室坐定，發下今天第一張考卷。七點五十分小老師上台對答案：「第一題到第五題答案：A、BCD、AB……」。早上八點鐘第一堂課，班上大約十位學生成績較好的學生，收拾書包到大樓另一端的「分組班」教室上課。

上課考試到第八堂，四點四十分有一部分學生回家了。「分組班」繼續上第九節課，星期六也是全天上八堂課，「星期天不上課，因為學生要補習，」當過分組班導師的一位資深自然老師說。

上完第九節，下午五點四十五分，這些國中生已在學校整整待了十個小時。但是到了九年級，學生吃了便當，還得繼續留校晚自習到晚上九點半。額外的課是班親會負責收錢、出錢，付給老師平日一小時三六〇元、假日一小時五百元的鐘點費。這些細節，國中生家長和老師如數家珍，恐怕只有主管機關不清楚。

「教育處看升學率決定校長辦學績效。家長數考上第一志願的學生人數，今年考上少一些，九月新生馬上就變少。沒有升學率，就沒有競爭力。你知道嗎？在我們這裡，要擠進私立中學得拜託立法委員才有辦法，縣級議員還不夠力！」國中的校長們有說不出的苦。

誰綁住老師？

弔詭的是，一心向「升學率」看齊的國中教育，頻繁的大考、小考、段考內涵，與花最多時間處理的：如辨別破音字、背誦成語和片段的作者生平、強記生澀的修辭、默寫文言文的課文和翻譯……等，卻和過去基測或未來會考強調活用能力的方向背道而馳。老師們不知道基測不考默寫、翻譯和解釋背誦嗎？

「國中老師若沒有教過『分組班』，真的不清楚現在基測方向。考試考形音義、解釋和默寫等，是為了程度比較不好的學生著想，這是基本分。那些很活的題目，對大部分學生真的太難，」中部縣市一位八年級的國文老師說。

「九十八學年國中第一次基測，國語文題目中，只有三題是和形音義相關，修辭一題都沒考，翻譯和默書更不用說，早就不考。你說，國文老師應該要教什麼？」積極推動閱讀教育、曾任桃園縣國語文輔導團召集人的退休校長高鴻怡感嘆。

考試方式已鬆綁，但擺脫不了升學主義包袱的大人，仍用二十年前聯考時代的迷思，綁住自己。「一般學校考試，不敢逾矩，不敢跳躍框架。老師若不清楚能力指標，出太難難倒學生，出太簡單測不出能力，議員還會到學校關心，」高鴻怡說。

家長對分數錙銖必較的壓力，讓學校不敢突破、不求改變，形成惡性循環。日復一日，每天朝七晚九的生活，用分數和排名定位的自我認同，讓台灣的國中生沒時間閱讀，對學習反感。考試和排名像是緊箍咒，緊緊箍住老師教學的熱情與創意，和學生學習的欲望。

當一天的國中生

「你們大人應該來當一天的國中生，就知道我們有多辛苦了！」桃園縣一位單眼皮、白皮膚、落落大方七年級國中生，理性的分析國中生的困難：「現在的生活，每一堂上課都有新的進度，一次吸收太多東西，還要考試、要思考、要理解……這麼多事情，所有事情都排得很緊湊，覺得自己迷失在學問裡。」

這個十三歲的男生很愛閱讀，剛讀完《追風箏的孩子》，對結尾那句「為你千千萬萬遍」印象深刻，覺得蕩氣迴腸感動不已。但當國中老師的媽媽覺得讀小說浪費時間，希望他多讀有「知識性」的書籍。

另外一位九年級女生，有著短頭髮和大眼睛，聽說是班上第一名，一雙大眼睛透露著單純，她只有一個簡單的願望：「老師訂很多版本的考卷，希望我們練習和習慣不同題型。所以，同樣的內容考很多次，我希望可不可以只考一份考卷，完全弄懂就好。」

少年們的辛苦是不是都有意義？或許每個教育官員都應該來當一天的國中生，明白孩子們「被考笨」了的痛苦與心情。

真正的教育，是所有人一起學習

焦點專訪 **佐藤學**

採訪整理／何琦瑜・賓靜蓀

東京大學教育學研究科榮譽教授佐藤學，是日本教育界的大師級人物。他針對日本教育中孩子失去學習動機、不知為何而學、「從學習逃走」的問題，提出以「學習共同體」為目標的改革做法。

和一般大學教授不同，他不僅建立理

論基礎，更親力親為，以每週參訪兩、三所學校的行動力和紀律，直接進入教室觀課，和學生、老師、校長面對面討論、改進，三十二年如一日，共造訪兩千五百所學校，累積了一萬間教室的現場感。

（攝影／黃建賓）

已超過六十歲的佐藤學博學多聞，長期關注日本和東亞國家教育，同時擔任日本內閣學術會議人文社會部部長，召集各界精英提出社會政策建言。儘管行程滿檔，他對教育本質和問題的見解總能一針見血。無數老師和校長在他的理念中實踐出畢生追求的教育理想。他的著作成為許多老師的必讀聖經，他的熱情更感動許多教育工作者，願意成為推動「學習共同體」的左右手。以下為專訪摘要：

Q 你在多年研究中發現，東亞國家中小學生有「從學習逃走」的現象，學力下降是共同的教育危機，現在最嚴重的教育問題為何？

A 日本九〇年代開始有「從學習逃走」現象，十年後，東北亞國家也陸續發生，這是因為競爭太過激烈。我們看到學生在家自主的學習時間減少，對學習的欲望也嚴重缺失，我們在各種國際性的學力調查中都看得出來。

這有一個時代背景。西方國家花了兩、三世紀達成的近代化和經濟發展，東亞國家在一個世紀、甚至半世紀內就達到了。東亞國家現代化過程被急速壓縮，所以教育必須非常有效率，於是發展出以考試升學為主的方式。考得愈好、學歷愈高、找到愈好的工作，就能脫離原有社會階層和環境，教育成為孩子往上爬的手段。

二次大戰後的六十五年間，日本、台灣、韓國、中國、香港、新加坡經濟發展非常快，日本經濟發展在八〇年代達到顛峰，然後進入停滯狀態，其他國家在十年後也達到發展高峰。現在除了中國之外，也幾乎進入停滯狀態。由於學校變成求得高分的地方，父母希望孩子得高分、有好工作、有高收入、進入高的社會階層，或發展得比父母更好。但在經濟高峰之後，其實社會環境改變了，得高分的孩子不一定能找到好工作，但孩子受教育的動機還是為考試，考試又造成教育中的競爭。我小時候，日本孩子擁有世界第一高的學習欲望，但現在變成世界最低，台灣、韓國也是如此。

也因此，面對未來，教育的目的應該改變。以前是為考上好學校的競爭教育，現在應該是民主主義的共生教育。我在三十年前提出東亞共通的教育問題，建議用「學習共同體」的方式改革教育，但沒有人相信。我認為**東亞國家有三個問題非解決不可：競爭教育要變成共生教育、量的教育要變成質的教育、有目的的教育要變成有意義的教育**。與其讓孩子為考高分、找好工作去學習，不如讓他知道學習的本質不是為進好學校、賺更多錢，而是學習對自己的人生有何改變、對社會發展有何貢獻。

Q 台灣、日本都有教育改革，希望學生從考試壓力中得到釋放，能夠快樂學習，但為何快樂學習還是不能減輕從學習逃走的現象，反而造成學力下降？

A 一定要告訴學生學習的價值、知識的意義，不是為考試，如果學生不知道學習的意義，教育不會改變。只減少考試、學習內容，但不教導學習的價值或學習經驗，孩子沒法得到相對的快樂。日本的改革發現，很多老師改變自己的教學方式，提升自己和孩子的學習，教育就有了新的發展，對孩子的學習動機的確有幫助。

只減少學習內容、考試壓力還不夠，最根本是要提高教育的品質，保障每一個孩子的學習權益，孩子長大後才可以共同參與建立民主社會。這是全世界公立教育的最初目的。

但東亞國家教育的特徵卻是，學校教育為了國家利益服務。學校早期是為宣傳國家利益，提升國家經濟，日本以前也是。二次大戰後日本經歷民主化，但其他國家到八、九〇年代才真正民主化，但教育和民主的連結還是不清楚。要改革教育，我們一定要把教育原來的目的和機能拉回來。教育的目的應該不是服務國家利益，而是幫助每一個公民的自我實現。

Q「學習共同體」牽涉到思想改變，而非僅技術改變，實踐的核心和精神為何？學校要如何轉移教育典範？

A 我這三十二年來，為推動「學習共同體」，每週參訪兩、三所學校，總共訪過兩千五百所學校，剛開始的一千所學校都失敗了。十五年前在濱之鄉小學實際做出來，當成前導校，證明「學習共同體」是可行的，當時把所有人都嚇壞了，因為他們都不相信這樣的學校可以成功。

簡單來說，「學習共同體」的哲學有三個：

一、**公共性哲學：學校是一個公共空間，不再只針對孩子，應開放給所有人，學校如果放棄任何一個孩子或老師，是不會成功的。**為提高孩子學習質量，全校每位老師（一般是三十位，大校則有五十位老師）至少一年有一次要開放自己的教室，讓全校老師、外地老師、社區人士、各種人來參觀，「學習共同體」的教室基本上為任何人敞開，誰要在何時進來都可以。每位老師要選擇品質最好的一堂課、一年一次自己提案，打開教室讓大家去觀摩，不是為了評鑑，而是為了提升教學品質。

二、民主主義的哲學：校長、老師、學生、家長都是學校的主人，每個人都同樣有發言權，都可以參加學校的活動，每個師生都有同樣的權利。通常日本學校把學生分為好／壞學生，成績好／差、有問題、社團表現好的等，好像只有最好、最差的學生才有發言權，可以引起人家

（攝影／黃建賓）

注意，其他中間的孩子沒有聲音，就被忘記了。家長也是，聲音大的、較會表達不滿的、錢捐多點的就可以大聲。但「學習共同體」的學校不是這樣。

三、追求卓越的哲學：永遠給孩子最好的教育內容或資源，不會因為成績不好、家境不好就降低教育內容、教學水準，永遠都追求完美、最高的教育內容。即使學校整體成績不好，在學區內學力排行很低，但永遠設定最高的教育目標，選擇最好的教科書和教材，從那裡開始挑戰。

活動式課程就從這三個哲學出發來設計。課程的核心是小組學習，小一是全體一起學，或兩人一組學習，三年級以上就以四人小組學習，上課都由此四人一起學。我們藉此實驗兩件事：我們希望大家都參與學習、不放棄任何個人；為追求更高學習品質，四人小組互相可以激起更多學習火花。

老師也藉「學習共同體」，建立良好的同事關係。每人一年至少一次開放學習提案，五十人學校一年就有百次的觀課。大家一起進來用共同的高度，不是批評，而是一起去想如何改善，透過每次看別人來反觀自己，就能發展每人的教學風格，整體才能一直往上提升。這是第二層次的共同體。

第三層次是家長的加入，教室開放家長參與。以前日本中小學一年開放一次參觀日，讓家長到校「看」孩子怎麼上課，但只有看，並沒有參與，通常只有三到五人來，我女兒小時候這樣的參觀日只有我一人參加。「學習共同體」的學校一年開放三到五次學習參觀，家長可以當老師助手，跟老師一起設計課程等，有八成家長、親戚會來參加。

日本教師和家長之間其實互相不信任，相信台灣也有類似情況，為什麼？因為家長認為老師是提供服務的人，自己付錢給老師來服務自己的孩子。但**教育不是服務業，教育應該是老師、家長共同負起教育的責任。**所以「學習共同體」的大目標是老師、家長一起緊密連結，為孩子的教育服務。

一九九七年第一個前導小學產生，西元兩千年中學開始有前導校，現在有三千多所學校挑戰

「學習共同體」。之前的公立學校學力低到不行，五成學生已經不去上課，大家都不看好任何改革。實行「學習共同體」後，孩子開始喜歡學習，問題學生沒有了，中輟率變零，整體學力就自然提高。老師無力感也沒有了，每個人都健康了，都看到自己的價值。

現在全日本有五百所前導校，即使沒有做「學習共同體」的學校，日本八成以上的老師都相信「學習共同體」是能成功的。

Q 如何說服老師打開教室的門？如何改變老師的態度，找到讓老師有願意改變的動力？

A 日本也曾經經過老師以不變應萬變的階段，但老師不願打開教室，教育永遠不會進步。所以，建立教師的支援系統很重要。老師不願打開教室，不一定是自信不夠，而是害怕一打開就要接受評價、評分。「學習共同體」很重要的一部分不是要評價老師，打開教室是要互相學習，互相形成支持網路，只要老師公開上課給大家看，大家一定先感謝那位老師。唯有學校能夠支持老師，老師才能給孩子最好的學習，和質量最好的東西。

焦點專訪 **侯文詠**

教育需要一場文化戰爭

採訪整理／許芳菊

從小說《危險心靈》開始，侯文詠就以犀利的文筆，挑戰台灣教育的種種問題。二〇一〇年他則以《不乖》這本書，希望能掀起一場教育的文化戰爭。侯文詠對教育的關心，不僅出自於作家對社會的觀察、省思，更出自於身為一位父親的深刻感受。

二〇〇九年夏天，兩個兒子各自面臨了台灣兩大升學考試：大學學測與國中基測的關卡。大學考壞了的大兒子問侯文詠：「你會不會覺得我的人生失敗了？」高中考差的小兒子，則開始思考著下一步的選擇。

對於考試考差的兩個兒子，侯文詠沒有太多的失望或指責，而是帶領著他們一步步看清眼前可能的路，體認失敗可以教給他們的功課。

陪伴兩個兒子一路經歷台灣教育裡的各種大小考，看盡教育中種種的落後與不合理。向來幽默風趣的侯文詠，卻也流露出嚴肅、憂心的一面。他的作品《不乖》讀來很輕鬆、有趣，像是給年輕人的勵志書；但侯文詠說，他寫這本書背後的心情，卻是沉重的。

我的兩個小孩都經歷過基測、學測這些考試，我也陪他們完整的經歷過。我孩子的功課其實沒有很好，但我還是很開心，因為我看到他們其他部分都很好，我也不擔心他們。就算他們高中、大學考壞了、遇到挫折，但如何面對挫折感，家庭很重要，因為人生總有失敗。你可以說，失敗很好啊，這次失敗不代表你會永遠失敗；而且如果人生一定會有失敗，早點失敗一定比晚點失敗好。所以我孩子考壞了，我並沒有特別要去開導他們，我就說：「你們都努力了，再來就是選擇哪條路的問題了。」

成功的路不一定比失敗好。我問他們擺在眼前的路是什麼：可以重考、可以出國念書、可以念已經考上的學校。

他們就去問同學、問朋友，我也找人讓他們問，讓他們可以換一個觀點去看事情。問到最後，他們就自己下決定。老大決定先當完兵再出國念書，老二決定直接去美國念

（攝影／黃建賓）

▲ 如果老師都只是想把孩子教到基測、學測考滿級分，那這個教育就是「百戰百勝，其國必亡」。

書。他們也覺得很幸運，因為爸媽可以支持他們出國，如果我們無法支持他們出國，他們也要學會在不行裡面做選擇。

選擇比能力更重要

我的小孩慢慢就發現，他們得好好選。有一天我的老大說：「爸，我忽然間覺得『選擇』這件事情比能力更重要，因為做錯了選擇，你再努力，也只能在你選擇的格局裡。但如果你做對了選擇，就算你不是很努力，將來都有機會再補救。可是學校都沒有告訴我們『選擇』這件事。」

我覺得台灣教育最大的問題是，它花了小孩子很多的時間，可是它訓練出來的不是孩子未來需要的能力。我也不曉得我們有什麼權力佔據孩子這麼多時間？這已經牽涉到人權的問題了。如果它佔的時間少一點，讓孩子有時間、有自由去做其他的發揮也還好，但現在教育把小孩所有的時間都綁死了。比較大的問題是，我們的教育灌輸的都只是知識，其他的東西都忽略了。可是對將來出社會做一個有競爭力的人，這些知識可能不夠，有百分之七、八十更重要的東西，學校是不教的。

我們可以去思考一下，我們的教育假設是不是錯了？教育假設：「如果你成績好，到最後就是成就最好、賺最多錢、娶最漂亮的太太……」，可是這個假設到最後是錯的。

有一天一個台大醫學生跑來問我：「為什麼我們醫科成績比較高，可是牙科現在比我們賺錢？」我就說：「那你就去念牙科啊？」他說：「可是牙科分數那麼低，我為什麼要去念牙科？」我覺得他就是活在這個錯誤的假設裡，走不出來。

今天如果我們以一個綜合能力去評估一個人，那些搞社團的，他其實是在多方嘗試，訓練他的能力，但可能各種能力看起來都平平；而那些乖乖念書的人，可能只有一種能力一百分，其他都不及格。可是現在的教育就只看到他一百分的部分，沒看到他其他不及格的部分。所以他為什麼只會想讓自己這部分一百分，其他都不管，因為他在一個錯誤的假設裡面活著。

理想的教育，是橫線排列

要改變台灣教育的問題，其實需要所有人的觀念都改變。如果我們的老師都只是想把孩子教到基測、學測考滿級分，以為這就是教育的目的，那這個教育就是「百戰百勝，其國必亡」。因為一個國家並不需要每個人基測、學測都考滿級分，我們的教育還在一條的直線排列上，大家都在想辦法要教到可以排到這條線最前面的人。

我理想中的教育，其實孔子時代就有，是一條橫的線，每個行業都在上面。你教育孩子，就是讓他找到他喜歡的行業，然後想辦法讓他在這行業裡排到前三名、前五名、前十名，這個小孩人生就會不一樣。

教育的目的不是只有一條直線，然後想辦法把每個人排到最前面；而是拉一條橫線，讓每個人去找到一個對的隊伍，讓他找到他有能力做、而且喜歡做的事情。教育如果可以這樣想，其實有些小孩數學可以不用一百分，化學、物理不用一百分，他們只需要基本知識。

如果教育可以這樣打開，重新再思考，小孩子不會沒有興趣，只要給他們對的東西。要這麼做沒有很難，需要的是觀念的改變。

我剛把我的書《不乖》張貼到我的臉書上時，很多人就來開罵，說現在孩子已經夠難教了，還要他們怎麼樣？

我的「不乖」其實不是聽話或不聽話，而是人家給你東西的時候，要思考一下，要能獨立思考。不要人家說什麼，就跟著做，要先判斷是對的之後再去做，然後要為你做的結果負責，我說的「不乖」是這種精神。

改變觀念，孕育更多典範

要有愈來愈多人去想、愈來愈多人用這樣的觀念去教小孩，然後讓愈來愈多這樣教孩子的老師跟這樣的孩子變成典範，變成多數，我覺得這是一個文化戰爭。大部分的老百姓會慢慢發現，這樣的人比較靈活、比較適應社會、比較成功，就會把孩子往這個方向教育。但現在這樣的典範、例子都還不夠多。

寫《不乖》這本書，是想讓很多人來挑戰我，如果有很多討論，我會很開心。我不覺得把老師或學校推翻可以改變多少，我現在做的就是一個文化戰爭。在觀念上推動一些改變，起碼有一天，可以讓老師、家長知道，他們的一些觀念、方法是錯的。我要做的就是一直寫，讓我提倡的這個觀念變成多數，我要做的是一個不流血的寧靜革命。

快樂學習的迷思

編者的話

文／何琦瑜

「其實我小孩只要快樂學習就好，其他都不重要！」我常常聽到新時代的父母對於教育有類似的「說法」或「期許」。有些朋友知道我是《親子天下》總編輯，直接歸類我就是「快樂學習派」，通常還會補上一句：「你覺得呢？」彷彿在爭取某種認同。

遇到這樣的討論，我總是感覺有話說不清，感覺這個問題不能直接回答同意或不同意，需要點耐性解釋和釐清。

十幾年前的教改運動，提出了「快樂學習」，做為背棄「以考試立國」的基礎教育思維之回應。但這十年來，我們也看到太多只有「快樂」，沒有「學習」的錯誤嘗試。學校放棄了對孩子們應有能力和學習目標的期許。譬如在少數偏鄉的原住民學校，號稱「尊重」原住民會唱歌跳舞打棒球的天賦，於是完全放棄學生們看似不擅長的、基礎「讀寫算」能力的學習。這對他們的未來的生存能力，絕對有極大的負面影響。

「有次我在教一個國三生英文字『now』，卻發現他連中文的『現』和『在』都不會寫，」曾在台東協助部落課輔的台東大學特教系教授，現任國立教育研究院副院長曾世杰如是描述。很多人以為原住民只要會唱歌和運動就可以「得救」，但他在部落看到的現實是，這些孩子如果讀寫算基本能力不足，生活習慣、紀律沒有養成，就算幸運的保送到了體育學校或體育系，半途而廢的機率也很高。於是中學就輟學、找不到工作、流離在城市邊緣，步上他們父母的後塵，重複惡性循環的命運。

另一方面，我也看過許多城市裡的公立學校，對老師的教學品質，學生的課程學習目標毫無品管能力。有些課程裡充滿了老師離題的聊天哈拉；有些課室裡「一國兩制」：不想讀書的孩子被放牛吃草，上課講話玩耍各憑本事；但想要認真上課坐在前半段的孩子，也只能自求多福。學校規劃的校外教學和自主學習課程，通常都只有「校外」沒有「教學」；只有一大堆帶 PSII 和 iPAD 玩遊戲的「自主」，卻沒有「學習」，學生自由散漫卻一無所獲。「多元」、「快樂」成為教學與學習「骨質疏鬆」的藉口。

《親子天下》曾邀請美國最佳教師雷夫老師來台演講，看到他對社區弱勢背景的學生，非常扎實的學習計畫。目標清楚、方法活潑、用合理的、客製化的評量，試圖幫助「每一個孩子」進步。雷夫老師不放棄對每一個孩子要達成目標的高度期許，示範了基礎教育除了「快樂學習」和「為考試而讀書」的兩個極端之外，另一種應該努力的「第三條路」。

迎接十二年國教最重要也最困難的挑戰，不應該只是「免試的比例」、「明星學校的名單」、「學區的劃分」等「行政決策」，而是徹底改變整個社會對「學習」的理解，為第一線教學者與家長，配備新的觀念與能力，對於未來需要怎麼樣的人才，基礎教育應該學會什麼，都應形成新的共識。

激發孩子學習的動力與熱情、教會孩子學習的方法與策略、讓孩子成為學習的「主人」，懂得為自己設定目標、並且培養積極正向的態度。這些都不僅是「快樂」就能做到。這都是在基礎教育裡，比成績更重要的事，也是家長和學校不應該放棄的期許。

國際視野

掌握變革羅盤，邁向新學習時代

文／許芳菊

隨著知識經濟興起，新世代需要新的學習方式，才能迎向他們即將面臨的未來。面對新學習時代，教師與家長，應如何掌握變革羅盤，提供孩子迎向未來的3E導航地圖？

在知識經濟的時代裡，知識爆增、缺乏標準答案、變動快速……，孩子未來要解決的問題，現在還沒發生，他們未來要做的工作，現在還沒出現。在「快樂學習」與「優勝劣敗」的兩極之間，應該要產生學習模式的「第三條路」。

面對這樣的衝擊，世界各地已有不少老師、學校與組織開始轉型、因應，建造更適合這個世代的教育。

在香港，長期推動閱讀教育的香港大學教授謝錫金指出，香港一部分的學校已從傳統的知識傳授轉為學生為本的課堂。新的教學模式要求學生積極參與，培養學生自主學習的能力。所以教師已不再要求學生「乖乖」上課。許多香港中、小學，甚至已採用多媒體學習與原著教學的方式，提高學生的學習興趣與動機，並培養學生的批判思考能力。

台灣教改所需要的，不再只是紓解升學壓力或快樂學習，而是需要一場學習革命，從學校、老師、父母的觀念到學生的學習方式都要徹底改變。新學習時代需要採取的變革包括：

變革 1

從關心老師怎麼教，到重視學生怎麼學

美國哈佛大學教授大衛．柏金斯（David Perkins）長期參與哈佛大學教育研究院所進行的「零點計畫」（Project Zero），該研究的宗旨，主要在了解人類認知發展與學習的歷程，並促進更好的學習環境。「零點計畫」的研究，強調二十一世紀的教育核心，必須將關心從「如何教」，轉移到「如何學」。

在他所寫的《全局式學習》（Making Learning Whole）一書中指出，傳統的正規教育需要轉型：支離破碎的課程，以及被剁成考試大小的零碎資訊，讓學習者像在學一幅永遠拼不起來的碎片。要讓學習具備意義、引發動機，新世代的學習，必須要脫離「元素優先」、片段式的教導，走向全局式的學習。

大衛．柏金斯舉例，學習就如同小孩學打棒球，孩子先玩過「簡易版」的球賽全局，對球賽有「整體觀」，才會了解為什麼要反覆練習看似無趣的揮棒、接球等「元素」。就像所有音樂與藝術的學習，無論什麼程度的學生，都能先練習彈奏「整首曲子」，從全貌中攫取意義。

根據學習科學的發現，學更多不一定就學得更好，提供聚焦、深度學習，激發思考、解難能力的課程，更有助學習。

也因此，老師的角色必須改變，要提供更客製化的學習、運用更多元化的知識來源、創造團隊

合作學習的機會、提供深度評量，是老師在新學習時代，必須要有的轉型。

變革 2

從要求學生背答案，到鼓勵學生想問題

日本趨勢大師大前研一在《低ＩＱ時代》一書裡曾指出，在先有答案，只需回答「○」或「╳」的教育體制下長大的人，當然不知道怎麼探索答案。

透過填鴨方式，把老師教的東西背起來，考試時再吐出來的能力，無論有多高，都無法培養出開創自己人生的實力。他指出：「現在我們需要的不是這種學力，真正重要的是『靠自己大腦思考的能力』、『能夠實踐自己所想的勇氣』及『一份堅持至有結果的執著』。」

在這個資訊爆炸的時代，背誦標準答案，已經顯得不切實際。例如，過去國中生必背的化學元素週期表，已經開始進行大修改。曾經接受資策會資訊種子老師培訓的德音國小老師張原禎笑說，「當年他從資策會培訓半年出來，發現他們在裡面學的東西已經統統用不上了，因為新的科技又出現了。」

在新學習時代，必須培養的是發現問題、提出問題、弄清楚問題、並找到解決問題方法的思考能力。

學習科學的研究發現，學生並不是腦袋空空走進教室等著被填鴨，他們帶著似是而非的各種認知而來。當學生有機會內化、澄清這些認知時，他們可以學得最好。所以，問問題很重要。在摸索、澄清、弄懂的過程中，學生才能真正了解。因此要創造出能夠讓學生提問、思辯、反省、探索、澄清、弄懂的學習環境。

變革3

從計較考試分數，到激發內在動力

正當台灣的父母在為孩子的考試分數斤斤計較時，時代的潮流，卻早已拋開這群苦追分數的孩子，往另一個方向前進。

根據學習科學的研究，缺乏內在動力的過度學習，是無效果學習。能讓孩子產生參與感的學習，有較佳的學習效果。

在新學習時代，教育除了要提供學生豐富的學習經驗（enrich）、增強他的學習方法（enable），更重要的要激發他內在的動力（empower）。

學習科學研究發現，要提升學生的內在動力，需要讓學生感覺到所學有意義、有挑戰，與自己的生活有連結。讓學生有機會將知識運用於真實世界，比脫離現實的在教室裡練習更重要，例如，服務學習、體驗學習。在這樣參與的過程中，不僅學習到知識、技術，還有動手練習與跨領域學習的機會。這比在教室裡不斷的練習寫評量更有意義。

《未來在等待的人才》一書作者平克也歸納出，引發內在學習動力的三大力量包括：

自主：學習者對要做什麼，以及該怎麼做，享有自主權。例如，學校教育應該時時反省：我有沒有賦予學生自主，讓他們得以選擇什麼時候、以什麼方式做這個功課或專案？

專精：專精是一種心態。任何一件事，都想要做到最好的態度和人格特質。

目的：懂得追求超越自我的目的。協助孩子看到事情的全貌，不管他們在學什麼，務必要讓他們回答：「我為什麼要學這個？這跟我目前置身的世界有何關連？」

在新學習時代，必須培養的是發現問題、
提出問題、弄清楚問題，
並找到解決問題方法的思考能力。

變革4

從孤立式學習到團隊合作學習

在真實世界裡，不論生活中或職場上，幾乎每一項任務或工作，都必須透過向外尋找資源、與他人互動、合作而完成。目前，學校裡孤立式的學習是與真實世界脫節的做法。因此，學習科學的研究極力建議，應該讓孩子在學習過程中，有充分與團隊合作學習的機會。

在美國，「團隊合作學習」（cooperative learning）已經成為這幾年最熱門的教師研習課程之一。推動團隊合作學習的方法很多，例如將學生分成五人一組，每一位組員被分派去學習一樣東西，然後回來教其他的組員，最後整組成員再把他們學到的教給下一組的成員。學習成果的評量，也不再只依賴紙筆測驗，團隊合作的學習表現，將成為評量的重點之一。

團隊合作學習的特色，不僅要求學生個人認真學習，還要協助其他組員學習，創造出同心協力完成共同目標的氛圍。

師長的3E關鍵任務

當全球競爭已經來臨，上一代的教養方式，已經無法帶領成長於網路時代的孩子，現在的教師與家長，該何去何從？《親子天下》綜合「學習科學」（learning science）的研究與專家建議，提供三大教養新思維提供參考：

不論東方或西方，一直有兩派教養理論在爭辯。一派認為小孩要有嚴格的鍛鍊，另一派主張要快樂學習。但根據科學的研究，其實都只各對了一半。

ＯＥＣＤ根據學習科學的研究指出，缺乏動機的過度學習，是無效果學習。學得多，並不一定學得更好。錯誤的嚴格鍛鍊，只會增加孩子的焦慮。壓力過大，甚至會傷害孩子的大腦。

而一味的強調快樂學習，也有其缺陷。許多研究「學習動機」的專家都指出，學習不見得總會帶來樂趣，而且學習常常需要成就動機和意志力才能成功，兩者都得訓練。平時沒有學到如何忍受暫時的挫折、克服障礙、承受不愉快，可能會導致日後學習時遇到困難，無法克服。

「在『快樂學習』與『提升競爭力』之間，需要一個平衡點，」台灣師範大學教授唐淑華在她的研究中指出，「快樂學習」的主張，是希望能夠「充實」（enrich）孩子們的多元學習經驗，使學生能夠在學習過程中真正感受到內在動機，並享受到學習樂趣。「提升競爭力」的主張，則希望提升學生的競爭力，其方向在「加強」（enable）學生的學習表現。

唐淑華教授認為，無論 enrich 或 enable 都有值得鼓勵的地方，因為在一個充滿樂趣的環境中學習，品質自然會提升。而在全球競爭的世界裡，也唯有具備扎實基礎能力，才能與人競爭。但還有一個重要的方向，就是提升孩子的心理適應能力，也就是「增能」（empower）。使孩子由內產生一股能量與動力，讓他們不但樂於學習，產生足夠的競爭力，也讓他們未來在面對各項失敗或挫折時，有足夠的心理強度來面對。

enrich、enable、empower 你的孩子，成為父母在引領孩子學習時的三大關鍵任務。

關鍵任務一、「充實」（Enrich）孩子的學習經驗

在這個知識來源多元化的時代，學習已經不只發生在學校教室裡。學習運用校外、社區、網路上的學習資源已益發重要。父母需要重新思考孩子學習時間的分配與優先順序。

台中明道中學資深老師管珮霞體認到，現在學校的教學模式要逐漸改變。需要提供學

Enrich、Enable、Empower 你的孩子，
是父母在引領孩子學習時的三大關鍵任務。

生多元面向的學習，讓學生發現自己的價值，「體驗、服務、跨領域學習、國際教育旅行……，都會變成重要的學習課程。」

擅長活用網路資源的新竹光華國中老師簡志祥就特別提醒父母，要讓孩子擴展他的生活領域，不要用補習把孩子的生活填滿。「補習都只是補安心，如果能夠把補習的時間用來反芻上課學的東西，他會學得更好，」簡志祥說。

唐淑華教授則指出，自我探索的時間會愈來愈重要。要讓孩子花時間去思考：我適合發展什麼？這個環境需要我展現哪些能力？要去哪裡學這些東西？

另外，父母也應該重新認識好老師的特質。環顧國際趨勢，好老師的條件，已逐漸走向能夠引導學生、思考、探索、團隊合作、激起學習熱情的方向。有這些特質的老師，才有更大的可能帶領這代的學生，面對未來的挑戰。只專注在學生考試成績的老師，反而會局限了孩子的發展。

花蓮宜昌國中老師徐美雲就建議父母，應該好好去了解孩子老師的價值觀與視野、格局。「如果老師的信念很正向，被他帶出來的孩子應該都是很積極正向的。如果老師視野夠廣，就會讓學生去觀察、帶他去想、去追求，孩子才會積極主動，」徐美雲說。

關鍵任務二、「加強」（Enable）孩子的學習方法

缺乏有效的學習方法，即使有明確的學習目標與學習意願，仍難以達到預期的結果。專家指出，每一個科目或領域，往往都有不同的學習方法與策略。除了藉助老師引導孩子學習有效的方法，父母可以做的是，鼓勵孩子問問題，確認孩子弄懂他所學習的內容。鼓勵孩子尋求協助，不論是請教老師、父母或同學。讓孩子透過自己出題目考自己的方式，來學習抓重點。當孩子出現重複

喬治．盧卡斯教育基金會榮譽總裁陳明德專訪

「知道」什麼，將一點都不重要！

採訪整理／賓靜蓀

一九九一年，《星際大戰》導演喬治．盧卡斯（George Lucas）成立教育基金會，推動「專案學習」（project-based learning），強調打破學科藩籬、結合科技、小組合作、在解決真實問題的過程中，孩子才會更有效、更投入學習。一九九八年設立「教育理想國」網站（http://edutopia.org），每個月以專業的影音紀錄，介紹一所創新的專案教學教室及學校，以及其他和創新教育相關的專業資訊。目前該網站的大量文字影音檔案，每月吸引六、七十萬造訪人次，成為全世界中小學老師的交流平台。

史丹佛大學博士、曾任兒童節目《芝麻街》研究總監的榮譽總裁陳明德（Milton Chen），在訪台兩天期間接受《親子天下》專訪，分享他對數位學習的觀察：

老師的角色必須改變

過去的教室中，老師的腦袋就等於今天的網際網路，加上教科書，就是學生全部知識的來源。但今天，上述網站挑戰老師的權威，學習中更重要的，已經不是標準答案（網站三秒鐘就替你算出來），而是你獲得答案的思考過程，這就是深層的學習。老師要變成像運動、美術、戲劇的教練、導演一樣，你「知道」什麼並不重要，你如何將所知「表現、做出來」才是關鍵。例如棒球比賽不關乎選手知道多少球賽規則，而是他們要去把球技表現出來。在科學、數學等所有的學習也一樣。

「專案學習」必然成為重要趨勢，學習必須和真實生活相關，學生老師可以和全世界連結。但「專案學習」要在學校、教室裡生根，除了改變課程，另一個關鍵在於改變考試方式。

邁向真實的評量

美國十二年級（高三）、準備申請大學的畢業生要考 AP（Advanced Placement）會考，做為日後申請大學、選課的基礎。AP 生物課是最受歡迎的課之一，AP 生物考也有很多學生參加。考試時間為三小時，第一部分九十分鐘，有一百二十題選擇題，如果你要得高分，每題只能花四十五秒，閱讀、選答案。這些只需要記憶性的題目不是科學，為準備這樣的考試，學生只能拚命死背，考完就忘光。

但是，加拿大、芬蘭、新加坡等國家，都已經開始改變評量的方式，要求學生寫出更深層的思考過程。

例如，假設你是一位搖滾樂團的經理，請寫出一份清單，列出樂團的收支平衡表，有哪些不同的營收來源和經常支出？列得愈詳細愈好。有些考試得花上幾天時間，而非僅僅兩小時，這才是「真實的評量」（authentic assessment）。

我們在過去二十年已經觀察到，「專案學習」在教室裡帶來的改變。學生不喜歡坐在那裡聽講，他們喜歡互相討論、一起工作學習，他們透過分享學習得更多。但重要的是，學生知道他們要什麼。只要提供孩子適當的機會，他們可以學得更快、更好、更享受以及更投入。

的錯誤，幫助他找出原因，與正確的解題方法。

另外，了解孩子的學習特質也很重要。《學習動機》一書便指出，父母可以「多和老師討論你的孩子，在什麼樣的情況下比較能夠記住老師所教的內容？聽一個故事？數學作業理畫張圖？……學習策略要符合孩子的學習模式，才能更快消化、學會。」

關鍵任務三、「增能」（Empower）孩子的學習動力

學習需要動機與毅力，缺乏內在動力，一切的學習都會變得很辛苦。

唐淑華教授指出，要促進孩子內在的學習動機，有兩個重要的原則。一個是讓孩子在設定學習目標時，有較多自主或自我決定的空間，亦即孩子在選擇學習目標時，是出於個人自由意志，而非被命令、被逼迫、或被威脅。第二是，讓孩子在學習時，能產生勝任感。也就是能夠依據孩子的能力，設定難易適中的任務，讓孩子在完成任務時有勝任的感覺。

而學習的過程，必然有挫折，培養情緒管理能力與挫折復原力，孩子才能持續維持學習的動力。《學習動機》一書作者伊旭塔．雷曼建議，父母可以創造出一種環境來增加孩子的挫折復原力，「孩子遇到困難時，鼓勵他；他想放棄時，強化他堅持下去的決心；不知所措時，幫助他；他完成一件大事時，稱讚他。」

環顧世界，全球的學習革命已朝向一個更重視個人天賦、發揮團隊價值、更貼近真實世界需求、更重視內在動力的新學習時代，而這也正是台灣的教育，應該努力的方向。

焦點專訪 **周育如**

給對方法，沒有孩子學不會

採訪整理／賓靜蓀・楊鎮宇

新竹教育大學幼兒教育學系助理教授周育如，曾經當過七年的中學英文老師，因為孩子在學習上遇到了困難，開始投入發展心理學的研究，專攻兒童心智與情緒發展。周育如認為，目前的中小學教育的方法，鮮少符合兒童到青少年的身心發展階段特質，孩子從學習中逃走，是因為成人們沒有在對的時候提供對的學習方法。「我們從來沒有給孩子透過實際操作、結合經驗、形成知識的歷程和能力。若能把對的學習方法還給孩子，沒有孩子學不會的！」周育如十分肯定。

孩童在學習上的失敗，我們常歸咎於沒有「提早學習」。所以父母讓你學更久、更多，看你會不會學更好一點？這樣的迷思，造成我們全國的孩子都在努力學習。

按照兒童的發展，幼兒階段明明就該著重觀察、操作、玩耍，為什麼他要去學國語正音呢？因為父母擔心他小學時注音會學不好；當他小學注音學不好時，害怕他中高年級作文會寫不好，所以他低年級要就開始寫作文；到了中高年級要觀察事物寫作文時，他又開始補國中數學先修班。

我們從來沒有仔細思考，如何在對的時候，用對的方法來幫助孩子學習，只是不斷逼著孩子

「提前學習」。

借用瑞士心理學家皮亞傑的理論，孩子身心、認知發展，有幾個重要的階段：**七到十二歲國小階段，屬於「具體運思期」**，有兩個重要的心智能力開始出現：就是「以具體事物思考」與「可逆思考出現」。這時的思考不再像是幼兒階段，用事情的表象做直接推理；他開始可以做類似成人的邏輯推理，只不過他在做邏輯運思時，很需要透過具體事物的幫忙。

現在的小學教育常被詬病的原因，是成人以為只要把大人學的東西內容簡化一點、白話一點、可愛一點，就可以給比較小的孩子學。但真是如此嗎？

根據皮亞傑的理論，孩子發展過程中，每個時期學習知識、運思的方式都不一樣。國小階段的孩子很需要透過具體事物的觀察跟操作，來獲得實際的概念，然後成為他的知識。成人可以給他複雜、多元的內容，但重點是必須透過他的實際觀察跟操作。

例如數學一開始學的是加法跟減法，如果老師教 $2+3=5$，是用兩顆球加上三顆球，這就是透過具體操作，叫做「點數」。大人看起來很無聊的動作，但對孩子很重要。孩子要透過看到、摸到的點數一二三四五，把數字變成數量。但很多老師連這步驟都跳掉。

乘法的情況也是一樣。我在一顆盤子裡有兩顆球，我要五盤才變成十顆，所以我有第二盤、第三盤到第五盤，看到這東西的五倍的量才成為十顆。這年紀的孩子在實際的觀察跟操作中，才能形成概念、變成他的知識。之後當他有了這個基礎認知，你才叫他背九九乘法表，抽象符號的背誦，才能跟他具體操作所形成的概念相遇，成為他的經驗與知識。

孩子太早被迫強記結果

可是現在我們的教育把這塊拿掉了，孩子在不同階段需要的學習方法整個都被架空。我們從孩子一入學開始，就填塞給他成人思維的最終結果，讓孩子透過背誦來習得，逼孩子透過強記、不斷的反覆紙筆考試，產出一些表面上的學習成果。但是實際的操作、實際概念的習得，在腦袋中形成連結的過程，是一直沒有的。

（攝影／黃建賓）

兒童發展專家　周育如

學歷：台灣師範大學人類發展與家庭學系博士
　　　中央大學學習與教育研究所博士後研究
現職：新竹教育大學幼兒教育學系助理教授
研究領域：兒童心智認知、發展心理學

這是為什麼孩子到國小五、六年級發現數學好困難，甚至到了國中他可以用抽象符號運思時，卻愈來愈學不會的原因。在常態分布下，只有少部分的孩子勉強可以應付這種直接背誦結果、用抽象符號的學習，可是那未必可以成為真實的能力。

即使是在台灣教育體制中一路順利成功長大的孩子也是一樣。我們去國際上參加數學科學競賽可以得到很好的名次，但是多少人成為科學家，能夠成為這領域真實的研究者？少之又少！因為我們都在學最終結果，實際的概念形成歷程不在我們裡頭。所以我們只會考試，參加國際大型競賽，但我們沒有真實的獲得知識的能力，因為在我們成長過程中，從來沒有人給過我們那個能力。

十二至十二歲（國中）以後，屬於「形式運思期」。這時期的主要特點是「透過符號思考」以及「邏輯和抽象運思出現」。到了青春期，照理說孩子就可以透過純粹的符號，去做運思跟思考，但我們現在教育的問題在於，他從小到大一直在透過符號在思考，前面都不知道在學什麼。當他進入青春期，真正需要透過符號思考時，前端是架空的。

為什麼很多孩子到了國中時都放棄學習？一個班有三分之一能跟上學校學習就很了不起，其他三分之二就等著被說「天生我才必有用」。你告訴他沒關係，鼓勵他探索自己的性向，事實上就是在告訴他說：「你就是讀不上去了嘛。」為什麼他讀不上去？因為他該有的內在真實體驗跟概念，從來不在他裡頭。在常態分配中，最後只剩下極少數孩子可以勉強透過純粹的符號概念來學習。但很多的孩子在這過程中，不是愚蠢，也不是沒有學習能力，而是缺乏前面具體運思的能力。無法形式運思的孩子，就在整個教育體制中出局了。

不是教太多，而是方法錯誤

所以皮亞傑的理論雖然受到很多修正，但它仍是個經典理論。今天回頭來看，還是能給我們很多教育的省思。我們整個教育完全不講求歷程，孩子真的不是這樣學的，你如果沒有讓孩子經歷知識形成的歷程，如何能要求孩子達到最終境界？我們更應該重視教學方法，是不是真正看重孩子的學習歷程，並相信每個孩子都是有可能學會的。

教改過程中，很多家長希望孩子快樂學習，要減輕孩子的學習壓力。但問題恐怕不是學習的內容太多，而是沒有找到適合孩子不同階段的學習方法。也許當方法還給孩子了，你給他的東西還嫌太少呢！

孩子這麼長時間在學校，老實說他真的可以學很多事情，可以有很多的操作跟體驗，但這時段我們到底讓孩子幹什麼去了？就只是讓孩子坐在教室裡，聽著老師用不適當的方法教他，然後再告訴小孩說你不行、你不會，然後還逼他回家再去補習，再用同樣錯誤的方法，把他沒有辦法學會的東西再學一次，真的是浪費孩子的青春跟童年。

真正的學習

焦點專訪 保羅．寇拉（Paul Collard）

採訪整理／陳雅慧

英國政府統計，現在還在中小學念書的孩子，未來可能從事的工作，有六成都還沒有「被發明」。現在成人們幫孩子準備的工作能力，等到他們二十五歲時，工作可能已經消失。

當代社會，科技推陳出新，知識的生產與淘汰，以十倍於過往的速度前進；媒體網路資訊爆炸，價值多元而混亂……全世界都在尋找，傳統教育體系該如何教導下一代，面對一個完全無法「準備」的未來。

二〇一一年底，臺灣教育研究學會在台灣中山大學舉辦的年會論壇中，特別以創造力和想像力為主題，揭櫫未來學習最重要的兩個核心。論壇也特別邀請英國創意、文化與教育中心（CCE，Creativity Culture and Education）的執行長保羅．寇拉（Paul Collard），分享英國正在進行的學習革命。CCE也和澳洲和韓國政府合作，提供創造力教育的經驗與諮詢。

英國政府投入兩千九百萬英鎊的預算（約台幣十四億元），支持由CCE主導的創造力教育計畫。目前為止，全英國已經有八千個與該中心和學校合作的創造力教育計畫，涵蓋近一百萬個英國青少年。

在台灣，創造力教育常常被當做是資優教育的一個重點；但在英國，卻是補救教學的新主流。《親子天下》特別專訪寇拉，不僅是談「創造力」，而是重新檢視學習的內涵，以及學校教育的優先順序。

（攝影／楊煥世）

保羅・寇拉（Paul Collard）小檔案

現職：英國創意、文化與教育中心執行長

經歷：擅長透過文化和創意活動推動社會和經濟的變革。

有 25 年在藝術領域相關工作經驗。曾任英國當代藝術中心總經理。

這一代的孩子和父母輩不同。他們的未來，沒有太多已經準備好的工作等著他們畢業後來應徵。他們必須在離開學校後，自己創造工作。更諷刺的是，很多父母和師長現在積極幫孩子準備的工作能力，可能等到他們二十五歲時，工作已經消失了。

這樣的轉變，讓教育系統變得很困難。因為工作根本還沒有被發明。老師和父母無從預測，更不知該如何幫孩子準備。

也因此我們應該重新思考教育的核心，以及教育最重要的目的，就是發展孩子創造的能力。讓他們未來有能力發明新工作，因為未來的世界不需要「找工作」的人，但需要「創造工作」的人。

CCE一直努力的方向，就是希望不管在校內或是校外的學習過程中，可以釋放孩子的創意，讓他們感受到成功的經驗。我們在各式各樣的計畫中看到，要激發孩子的學習動機，有幾個非常重要的關鍵：讓孩子感受到知識和生活的關聯性，讓他們得以主導、參與學習的過程，發現學習的樂趣、進而建立自信。

看看OECD（經濟合作與發展組織）的國際學生評量計畫（PISA）分析。學校花了很多的心力教科學，希望培育很多科學家。但是，從PISA的研究中看到，很多科學成績很好的國家，學生對於科學知識的興趣卻很低；又日本和韓國的學生，科學能力排名不錯，但自信卻是倒數。韓國和日本的學生覺得自己很笨，因為若不是這麼笨，就不必上這麼多課、補這麼多習。PISA也做了科學評量成績和青少年自殺率的關聯分析，同樣看到日本、韓國和芬蘭這三個科學評量優等生，卻都是青少年高自殺率的國家。

看到這裡，做為父母的我們，是否應該思考：我們希望培養科學家，但是到頭來，卻是強迫孩子學習「過去」的知識。不但無法為未來做準備，而且還讓孩子不快樂、剝奪了他們的自信。

我相信，創造力的學習是一種真正的學習。舉例來說，當我們教科學的時候，常常是先跟孩子說明公式和原理是什麼。然後，做幾個實驗來證明這個公式和原理的正確性。想當然耳，孩子會覺得這樣的學習非常無聊。

但是，創意教學或是創造力的學習，則是反過來。先讓孩子做實驗，讓他們在實驗的過程中，「發現」、「歸納」出原則和原理，然後再讓他們印證標準答案。也就是說，創造力教育的核心，就是「讓學生主導」。

把「學」的責任交給孩子

要釋放創造力，關鍵就是父母和老師要把「學」的責任轉嫁給子女，不要把「教」的責任攬在身上；創造出一個空間，在這空間裡，孩子有自由學習和犯錯的機會，這樣孩子才可能釋放創造力。

CCE的成立是為了解決孩子學習上的問題，但我們不是透過傳統的方式——把學校教過的，再教一遍的「補救教學」。我們採取的方式，是透過藝術的活動，把傳統學習轉化成以學生為主體的學習。

例如，先前有一個在小學的補救教學計畫，這個小學位在經濟弱勢的地區，很多家庭都是隔代教養，學生普遍的學習動機低落。我們說服學校老師把預備興建教室的計畫，整個交給學生主導。小學生的思考很天馬行空、很抽象。一開始，他們希望新的教室是一座海灘或是城堡……後來的共識是決定買一台小飛機改造成教室。分配下去，不同年級的學生有不同的責任，高年級要負責跟當地政府申請，讓飛機教室符合法規，他們要填寫很多的表格和撰寫公文。要買飛機時，大家上網搜尋，最後在eBay買了一台小飛機。

飛機買來以後，需要重新裝潢，飛機的裝潢非常專業，小朋友也在網路上找到一位專業設計師。他們寫信給設計師，說明自己是一群小學生，正在設計新的學校教室。後來這位設計師願意免費幫他們設計。這間小飛機教室，最後成為地理教室，因為可以隨時「飛到」他們上課的地點，下課時再飛回家。

這個新教室計畫的起點，是識字計畫，目的是要改善學生低落的識字能力。

父母需要觀念革命

過程中，學生必須填很多的計畫表格。但是他們一點也不以為苦。而且你會發現，平常學校的學習，孩子回家根本不會告訴父母。但是當學習變有趣的時候，他們回家就會滔滔不絕。

這個計畫的第二個重要目的，是讓孩子有夢想的勇氣。我們看到許多創業家，他們的成功不在於有很棒的點子，而在於有信心把狂野想法付之實踐的勇氣。這些孩子在過程中，肯定了自己有能力實踐想法，他們永遠不會忘記這樣的經驗。

我們的做法不是增加學校的授課時數，或是改變課程，重點在於改變教法。譬如，有一所中學的學生，科學成績非常糟糕。我們協助學生把學習的課題，編寫成一個劇本。學生在過程中，討論基因問題的種種道德和價值選擇的不同觀點。他們發現這不僅是科學問題，更是道德和法律交織的複雜議題。課程中，各種角度反覆思辯，讓這群學生有機會理解科學和生活的關聯，更啟發了好奇心。後來學生學力測驗，他們在全國有非常優異的表現。

許多亞洲國家的父母都是在考試制度中長大。但是，若我們誠實問自己，求學過程中哪些課堂學習讓你印象深刻，甚至對現在的自己有很大的幫助？大概很少。而且成年後，回頭去看，很多學

（圖片提供｜CCE）

◀▲學習讀寫可以不必只是練習和考試。英國小學生在一項結合創意教學的識字計畫中，主導了學校增建新教室的計畫，小朋友靠自己填寫一張張表格和一件件公文，打造了飛機教室。當孩子自己成為學習的主人，學習可以這麼精采好玩！

習根本只是浪費時間。其實，我們需要針對父母推動一個很大的觀念革命運動。讓父母和教師理解，我們幫孩子準備的，可能是一個在即將結束的時代所需的過時能力，這讓我們不得不重新思考，究竟什麼是學習的意義和內涵。

Part. II

未來的學校

看見教育的
另一種可能

我們該拿這個只生產一模一樣人才
的體制怎麼辦？
下一步該怎麼做？
這種教育模式，
已跟不上現代的潮流與需求！

—摘自 2013 年 TED Prize 大獎得主
蘇伽塔・米特拉（Sugata Mitra）演說內容

攝影／黃建賓

滑世代的希望與難題

編者的話——文／何琦瑜

這一代的孩子，用手機、平板電腦和手指，「滑」進一個我們不曾領略過的「美麗新世界」。那個虛擬世界裡，有超越實體學校和書本、聲光影音俱備的知識，同時也充斥著虛假的垃圾和謊言；可以超越國界與地理的限制，快速連結更多親密的好朋友；卻也輕易的就撞見霸凌與詐騙。希望與罪惡並存，益處與難題一樣的多。

矛盾的是，談起數位科技帶來學習的衝擊與改變，台灣的父母、教育工作者和領導們，總是說：「現在談那個好像離我們太遠！」或是「目前還不是最重要的事」。多數父母和老師們，已經焦慮的看到孩子們黏在手機、電腦、網路上的「沉迷」與「分心」，甚至成人自己，也無意識的投入低頭族的行列：忍不住每小時查臉書，用 iPad 和 iPhone 充當小孩的保母……科技新世界的難題已經來到眼前，但我們卻還漠不關心這股能量可能創造的正面影響和益處。

換句話說，數位新科技的「能力」，早已深入展現在成人和孩子的生活裡；但我們對教育與學習歷程的期待，卻仍停留在上個世紀，與科技新世界楚河漢界的割離。在台灣，我們少數能看見的所謂「數位學習」，就是老師從「寫黑板」進階到「按光碟」。一成不變的教室風景，缺乏想像力的課堂，並沒有因為新工具帶來本質上的變化。

前進美國的啟示

於此同時，太平洋的彼端，全球科技產業的領導者──美國，已經開始醞釀著一場翻天覆地的學習革命。《親子天下》特別派駐兩組記者，探訪美國東西岸──從紐約到矽谷，數位教學的第一現場，深入了解科技如何翻轉教室的樣貌、老師的角色。如何幫助學校，以「學生為中心」，創造出依照個人能力，專屬、客製、多元的學習模式（見八十二頁）。

初步觀察，美國經驗與想像中不同的是，科技的使用並非高所得社區或學生的專利。美國政府形塑願景、分配資源，要以科技來幫助學校弭平貧富的知識落差。此次採訪的理念學校，如KIPP系統（見九十九頁），以及北卡教育經費排名後段班的摩斯維爾學區，都因著科技加速教學模式的轉變，幫助弱勢生學習成就得到具體的進步。

更重要的訊息是，在這場典範轉移的變革中，軟硬體設備是必備的基礎建設，卻不是保證成功的關鍵核心。課程設計是「鷹架」，教師的教學能力是「靈魂」，而學生的參與，則是學習歷程的「血肉」，新教育要成功達陣，三方都不可或缺。

每一次新媒體與資訊工具的出現，都會衝擊社會運轉的方式，改變教育與學習的面貌，帶來新的希望與難題。如果我們提早做對事情，在學習與教育的投入上做對準備，我們的數位小孩，很可能是有史以來最能主動學習、快速超越前人的一代；但如果我們逆勢而行，他們也很可能從教室、學校遁逃，遭遇史上最容易上癮、沉迷、分心的黑暗時代。

站在十字路口的台灣教育，也是該做出選擇、採取行動的時候了！

國際視野

雲端的學校，無所不在的學習

整理／李岳霞

目前為英國新堡大學（Newcastle University）教育科技學系教授的蘇伽塔．米特拉（Sugata Mitra），是二〇一三年TED大獎得主。他在得獎感言裡許下了一個心願：要建立一所雲端學校，讓世界各地的孩子都能在上面探索知識、相互學習。他最著名的「牆上的洞」系列實驗一再證明：當成人的教學干預降到最低，孩子會被自己的好奇心與同儕興趣驅動，展開自主學習並帶領他人學習。米特拉教授為推廣理想，熱情同意《親子天下》翻譯並轉載他的得獎演說：

（照片來源／法新社）

學習的未來會是什麼樣貌？我心中有個藍圖，但是在告訴你們這個計畫以前，我要先說個小故事，讓大家能夠理解我心中的計畫是基於什麼背景。

帝國教育的目的

我曾試著思索，今天我們所看到的學校教育模式，究竟是從何而來？這個問題並不難，放眼當今的教育，我們可以看到現代教育制度的原型，其實是來自三百年前世上最大與最後一個帝國——大英帝國的發明。

想像一下，在沒有電腦、電話的年代，大英帝國要管理這麼龐大的世界版圖，且只能仰賴書面文字和海運，於是他們創造了一個類似全球電腦的系統，完全由人組成。至今，這個強大的系統仍與我們同在，號稱「官僚體系」。

維持官僚體系永續運作，需要源源不絕的人力，於是他們又創造了製造官僚的系統——學校。學校負責生產未來的官僚，也就是系統所需的「零件」，因此培養出來的人必須符合統一規格，擁有一模一樣的能力。這些預備在官僚體系服務的人都要具備三種能力：第一、能寫一手清晰易讀的好字，因為所有的資料都需要透過書寫來記錄；第二、能認字、閱讀；第三、能夠憑腦袋快速做出加減乘除等心算。

這些散布世界各地的人才都必須擁有完全一致的能力，如此一來，即便是從紐西蘭培育出來的人才被派遣到加拿大去工作，也能立刻上工。從維多利亞時期，這個龐大複製人才的系統就不斷蓬勃發展，直到現在，即便帝國已經消失，這個系統仍持續生產這些特質一致的官僚人才。

我們該拿這個只生產一模一樣人才的體制怎麼辦？下一步該怎麼做？有人說「我們認知的學校早已過時了」，現在很流行的說法則是：「我們的教育體系故障、壞掉了」，但我不這麼認為。教育系統並沒有故障、崩壞，它的結構依然相當完善，只不過我們再也不需要這樣的教育，因為這種模式已跟不上現代的潮流與需求。

如今，電腦可以輕易的幫我們做到那三件事，我們不再需要會寫很漂亮的字，不需要用腦袋來做心算，儘管我們還是要會閱讀，要求的層次也更高，要能做到批判閱讀。即便如此，我們仍不知道未來工作會長什麼樣子？我們只知道人們可以在任何時間、地點、運用各種方式工作，那麼現代的學校要怎麼教學生，才能幫助他們為未來的工作做好準備？

我會思考到這整件事純屬意外。十幾年前，我在印度新德里教學生寫電腦程式。在我工作地點附近有個貧民窟，我心裡想，那些貧民窟孩子以後長大要怎麼學會寫程式呢？他們不該學嗎？同時，我遇到很多有錢、家裡買得起好幾部電腦的父母，不時告訴我：「我的小孩非常有天分，他們會用電腦做很多厲害的事情。」、「喔，我的小孩智商比一般小孩高出許多」……當時我心裡有個大問號：「為什麼這些有錢人家庭，特別多天才兒童？」窮人家出了什麼問題嗎？

後來我決定做一件事。我在附近貧民窟的一堵牆上挖了個洞，放進一台電腦。我想知道，若是把電腦給這些從沒用過電腦、不懂英文，也不會上網的孩子，會發生什麼事。小孩跑來問我：「這是什麼？」我說：「我也不知道！」他們問我可不可以碰，我說可以，然後就離開了。

孩子能自己學會他們從沒學過的事？

八小時後，我再回到原地，那群小孩居然在上網，還互相教會了彼此。我問同事「這怎麼可能？」同事說，很可能是我們的學生經過，教其中幾位孩子使用滑鼠，然後他們就會了。於是我決定再做一次這個實驗，但這次把實驗地點搬到離德里三百英哩遠、連念電腦工程系的大學生都不可能路過的鄉下地方。同樣的，我把電腦留在牆上，幾個月後再回去。沒想到，這些小孩竟然在用電腦玩遊戲，還跟我說：「我們想要更快的處理器和更好的滑鼠。」我問孩子他們是怎麼理解這一切的？孩子的答案很有趣，他們不大耐煩的說，誰叫你給了我們一台只有英文的機器，所以我們得先自學英文才能使用電腦。這是我當老師以來，第一次聽到「自學」這個詞被用得這麼理所當然。

後來我在國內其他地方進行相同的實驗，都得到相同的結果。於是我開始發表我的研究，在各地方發表論文，測量記錄我所看到的一切，我提出的理論是：不管在何處，只要把電腦留給孩子自行摸索，不論電腦的作業系統使用何種語言，九個月內，孩子都可以自己學會並達到如同西方國家祕書程度的電腦能力。我看到這樣的情形一再發生。

但我還是很好奇，如果他們可以做到這樣，那麼其他事情他們可以做到什麼程度？於是我開始用其他主題來測試，其中一項是英語發音。

印度南部有一個社區，那裡的小孩英語發音都很糟，而他們需要好的發音，將來才會有更好的出路。於是我幫他們的電腦裝了語音識別軟體，要他們持續練習發音，直到系統能將他們說的話轉成文字。他們照做，也成功了。（影片中，一群印度孩子跟著電腦練習英語發音 Nice to Meet you）大家看到影片最後，我之所以會定格在那個女孩身上，是因為我猜你們之中有不少人認識她。她現在海德拉巴的客服中心工作，可能因為你的信用卡帳單問題，用標準的英語「拷問」過你！

後來，人們又問，那孩子還能再達到什麼樣的程度，極限在哪裡？因此我決定要放棄我原來的論點，然後提出一個有點荒謬的主張。

不懂英語的孩子，能了解 DNA 的英語內容？

我做了個一般人難以置信的假設。坦米爾文是印度南方常用的語言，我想了解那些住在南印度村莊、只會說坦米爾語的孩子，能不能夠透過街上的一台電腦，用英語學會生物科技裡ＤＮＡ複製理論？我會測試他們的理解程度，預計他們會得零分。我會把電腦留在那裡，幾個月後再來測試他們，他們應該還是拿零分。然後我就會回實驗室，宣稱我們需要老師。

於是，我在印度南部名叫卡里庫邦的村莊做了一個實驗：我在牆上裝了台電腦，從網路上下載了各種連我也看不太懂的關於ＤＮＡ複製的資料。孩子們跑來問我：「這些到底要做什麼？」我回說：「這些東西很專業、很重要，但內容全是英語。」孩子們回說：「那我們要怎麼知道內容在說什麼，這些單字這麼難，還有這些圖表、化學……」那時，我已有了一套新的教學理論，於是我告訴他們：「我也不清楚，你們自己看著辦吧，反正我要離開這裡了。」離開前，我給他們做了測試，不出所料他們都拿了零分。

兩個月後我又回到那裡，孩子們說：「我們什麼都沒搞懂。」我一點也不意外，所以我說：「好吧，但你們用了多久時間才確定自己看不懂？」他們說：「我們還沒放棄呢，我們每天都在看。」我說：「什麼，你們明明看不懂螢幕上寫些什麼，還這樣每天盯著螢幕看了兩個月？為了什麼？」一個小女孩舉起了手，用坦米爾文和破破的英語摻雜著說：「除了不正常的DNA複製過程會導致疾病這件事以外，其他東西我們都不懂。」

於是我又給他們做了一次測驗，結果見證了教育的奇蹟！在熱帶的暑氣下，這群小孩藉著樹下的一台電腦，透過他們完全不懂的語言，理解了領先他們所處環境十年以上的概念。他們在兩個月內，成績從零分成長到三十分，多麼不可思議！雖然我很興奮，但按照體制的標準來看，三十分還是不及格的。要讓他們通過標準，至少成績還要再提高二十分。

可是，我找不到能教他們的老師，只找到這群小孩的一位大朋友。這名二十二歲的女孩是會計師，她常常和這群小孩玩在一起。我就請這個女孩幫忙教這群孩子，她說，這絕對不可能，因為她沒學過生物，也不知道這群小孩整天待在樹下做什麼，「我幫不了你」，她這樣回答我。

但我告訴她：「這樣吧，妳就試試『老奶奶教法』。妳只要站到他們身後，不管他們做什麼，妳只要負責發出讚嘆，好比『哇！你是怎麼辦到的？』『下一頁在說什麼？』還有『天啊，我在你這個年紀肯定做不到！』就好了。」

試試「老奶奶教法」吧！只要站到孩子身後，不管他們做什麼，只要負責發出讚嘆，好比「哇！你是怎麼辦到的？」就能激勵學習。

於是她就這樣照做了兩個月，結果孩子的分數提升到50分。卡里庫邦小孩的表現，迎頭趕上了我在新德里的對比學校，那可是一間聘請專業生物老師的有錢私校。當我看到那張成績變化表時，我就知道絕對有可能創造出平等學習的環境。

給「哇！」的讚嘆，就能激勵學習

我們知道現代工作的樣貌，但未來的工作會是什麼樣子？未來的學習又會變成什麼樣子？我們看到今天孩子的學習，是一隻手拿著手機，然後不情願的去學校，而用另一隻手拿起課本。

明天的世界會變成什麼樣子？有沒有可能變成大家都不需要再去學校上學？會不會變成當你想得到某些資訊時，你能在兩分鐘內就能得到答案？會不會有一天，就像尼古拉斯・尼葛洛龐帝（編註：Nicholas Negroponte，《數位革命》一書作者，曾任美國麻省理工學院媒體實驗室創辦人）最早提出的顛覆性概念，我們正在走向一個「只是知道（knowing）已經落伍了」的未來。

這多糟糕啊！我們可是人類，「知曉」這種能力是我們與人猿的差別。但換個角度想，自然界花了一億年的時間，才讓人猿站立起來變成智人；但我們才用了一萬年就讓「知道」這件事變得過時了，這是多麼了不起的成就！我們也要把這項成就融入到我們的未來，而「鼓勵」，可能就是那個關鍵。如果你看看卡里庫邦的案例，以及我做過的所有實驗，它們都訴說了同一件事：「哇！」的讚嘆，就能激勵學習。

神經科學也有實證，位於大腦中央的爬蟲類腦感受到威脅時，會暫時停止運作，也會抑制負責學習的前額葉皮質層，而懲罰和考試都被視為威脅。我們迫使孩子關閉他們的大腦，還硬逼他們要好好表現，為什麼我們要建立這樣的制度？因為過去我們需要這樣的體制。在帝國時代，我們需要的是能在威脅中生存的人，如果你能獨自在戰壕中活下來，就表示你過關了；若是你不能，你就不及格。但帝國時代已是過往雲煙，屬於我們這個時代的創造力該怎麼發展？我們需要將平衡的指針，從「危機感」移轉指向「樂趣」。

「奶奶雲」和雲端學校

於是，我回到英國找尋更多老奶奶，到處登廣告徵求家中有寬頻和網路攝影機的英國老奶奶，請他們免費每週勻出一小時給我。頭兩週就有兩百名老奶奶報名，我心想，我大概是全宇宙認識最多英國老奶奶的人。這些老奶奶被稱作「奶奶雲」，奶奶雲位於網際網路上，如果有孩子碰到問題，我們就呼叫在線上的老奶奶，她會透過Skype幫忙孩子解決問題。我曾在英格蘭西北部一個名叫地格斯的小鎮，看奶奶如何回應六千英哩外、位於印度內陸的塔姆里拿都村莊的小孩。她只用了一個古老的手勢，把手指擱在唇上要孩子安靜；另外，還有奶奶會在線上帶孩子朗讀薑餅人的故事。

這一切暗示著我們應該把學習看做是自主學習教育的產物。如果教育的過程是充滿自主性的，學習就會浮現出來。換言之，學習是自然而然的發生，不是被迫發生。身為一名老師，只需要點燃開端，接著就只要退居幕後，用驚奇的眼光看著「學習」一步步展現出來。我想這是上述所有實驗給我們的啟示與方向。我想創造的是能激發自主學習的環境（Self-Organized Learning Environment, SOLE），由寬頻網路、（孩子們的）相互合作以及（老師的）激勵所組成。

我在全世界很多學校做過這類實驗，老師們都很不可置信的問我：「學習就這樣

沒有人只想成為一個龐大系統的單一零件，
因此我們需要設計一個適合學習的未來，
讓全世界的孩子啟發好奇心，培養合作的能力。

『自己』發生了嗎？你如何知道？」我告訴他們，你不會相信是什麼樣的孩子讓我明白這個道理。（影片中英國的小學生在沒有老師輔導的情況下，自主進行課業討論；澳洲小學生認真的解釋，為何電子總數與質子總數不相等。）

老師的任務：提出難題，退一步欣賞孩子的回答

看完自主學習的案例，我認為我們需要能「提出難題」的課程。活在石器時代的人們曾經仰望著天空問道：「那些閃爍的亮點是什麼？」這就是「課程」的起源。但我們漸漸失去了這些由好奇心引導的問題，我們反而把問題簡化，讓問題變得無趣，失去讓人想探索的魅力。舉例來說，你應該對一名九歲小孩說：「如果有顆流星朝地球飛來，你如何得知它會不會撞上地球？」他若是問「要怎麼知道呢？」你就說，有個神奇的詞名叫切線角，剩下的就留給他自己去搞清楚吧。

我問過九歲孩子很難的問題，像是「宇宙什麼時候開始？又會如何結束？」孩子們證明了他們可以不需要外人協助、幫忙，靠自己來找答案。老師的工作只是提問，然後退一步欣賞孩子的回答。

所以我的心願是要設計「未來的學習」，沒有人只想成為一個龐大系統的單一零件，因此我們需要設計一個適合學習的未來，讓全世界的孩子啟發好奇心，培養合作的能力，來幫助我建立這個位於雲端的學校。在這裡，孩子會展開智力的深度探險，被老師提出的難題所驅策。我想做這件事的方式是，建立一個我可以研究這一切的設施，這是個沒有實體、無人領導的機構，只需要一名老奶奶掌管健康和安全問題，剩下的一切全是從雲端管理。

所以我希望你們幫我一件事，從今天開始，不論你在家裡、俱樂部，或是學校內外，和我一起

來創造自主學習的環境。這真的一點都不難，有個很棒的ＴＥＤ檔案（編註：檔案連結請見www.ted.com/pages/sole_toolkit）會告訴你怎麼做。如果你們可以幫忙做的話，位於五大洲的夥伴，請你們幫忙把這些自主學習的資料傳回來給我，我會把資料整合，轉移到雲端的學校，建構未來的學習，這就是我的心願。

最後，我要把你們帶到喜馬拉雅山上的最頂端，高達一萬兩千英尺的地方，那裡的空氣非常稀薄。我曾在那邊的牆上嵌入兩台電腦，孩子們趨之若鶩。有一個小女孩一直跟著我，我跟她說：「我想給每個人一台電腦，但不知道該怎麼做？」正當我要幫她照相時，她突然舉起手，笑著對我說：「繼續做啊！」

這個建議聽起來不錯，因此我聽從了她的建議，不再嘮叨。

（翻譯：李岳霞．張益勤．陳雅慧）

美國趨勢

「滑世代」：最自由也最焦慮的時代

文／賓靜蓀

拿起手機、平板電腦，輕輕一滑連上全世界，「滑」世代把世界和改變，放在口袋裡。科技，正以超乎你我想像的速度和方式，改變孩子的生活與學習型態。

對這個世代而言，這是最好的學習時代。手指輕滑，就能跟哈佛學生上一樣的熱門課程；任何題材只要想學，YouTube 上多的是專家、老師；免費合作工作軟體，還能把個人創作分享到全世界。

但是對「滑」世代的父母、老師來說，這也是最焦慮的時代。拚命追趕，也無法掌握孩子的數位足跡；擔心孩子手指一滑，將世界之惡，帶進客廳和教室。但不管你喜不喜歡，科技，只會愈來愈便宜好用，這波數位浪潮，擋也擋不住，眼見這回不去的劇變，教育，要如何接招？

《親子天下》決定兵分兩路一探究竟，一組人馬飛到全世界數位學習的領導者——美國取經，另一組則深入台灣在地現場。

在美國，我們驚訝的看到政府、民間企業、教育單位聯手，全國總動員的進行一場科技融合教學的實驗。而身為科技產品製造大國的台灣，卻陷入一場政策搖擺不定，教育現場無所適從的卡關窘境。他山之石，可以攻錯，美國的經驗又可以帶給我們什麼樣的啟發？

二〇一一年九月，美國總統歐巴馬（Barack Obama）在白宮宣布推動「數位承諾」（Digital Promise），企圖連結教育家、創業者、專家與學校，用科技翻新教育。「數位承諾」旗下「創新學校聯盟」，集結美國二十一州三十六個教育社群（中小學、學區、城市），測試最新研發的教育軟體，此舉帶動教育科技產業，並複製成功教學模式。

歐巴馬的「奔向卓越」教改計畫中，預計投入四十三億五千萬美元預算，在二〇一四到二〇一五學年度，將各州標準學力測驗改採電腦線上進行。二〇一七年，美國中小學教科書將全面電子化，預計帶動媒體與出版商大量開發中小學電子教科書，搶進這五十五億美元的市場。

其中，Discovery 開發全方位線上教科書 Techbook，適用於各種載具，可按學區需要，提供客製化服務；蘋果電腦結合美國三大教科書出版社，出版線上教科書 iBooks textbooks；Google 則推出 Google in Education，提供各種學校需要的工具和資源，甚至開發硬體載具……。對美國人來說，這場數位學習的革命，不僅僅是「教育政策」，甚至是動員並整合美國科技產業優勢，開創新需求的「全球產業競爭」。不論成功與否，都將影響全世界的教育與科技發展。

三個 E，拆解美國成功關鍵字

探訪美國數位教育，我們發現有三個成功關鍵字：Equip（裝備）、Empower（授權增能）、Engage（參與），值得國內參考。

裝備（Equip）

硬體不必炫，導入數位資源讓課程創新

科技的使用，已深入美國師生的教與學。根據皮尤研究中心（Pew Research Center）「網路和美國生活計畫」二〇一三年調查，有近九成國高中生上網學習或完成作業；高達七三％的國高中老師和學生，在教室中利用手機從事教與學，用平板的比例則為四三％。一項調查也顯示，二〇一二年底，八二％的教師，已經加入至少一個線上教師成長社群。

貧富差距極大的美國社會，並非所有的學校都如想像中的「班班有電子白板」或「人人有iPad」。但政府和學區的領導者，透過資源的統整與共享，幫助學校在數位學習的實踐上，有效率的上路。

「繫好你的安全帶，這會是趟瘋狂旅程，」紐約市哈德遜科技高中校長安玲（Nancy Amling）傳神形容。她講的是紐約市政府訂出充滿挑戰性的數位藍圖中，教育的公校創新計畫 iZone（Innovation Zone）。全美人口最多的紐約市有一千七百所學校，iZone 透過科技，改變課程設計、上課方式、評量，使趨近「個人化學習」的學校，共享各種教育資源與數位教案。二〇一三年 iZone 有兩百五十所（大部分為國、高中），未來預計擴大到四百所。

iZone 學校並非光鮮亮麗，許多學校必須和其他學校「同居」一棟大樓，最高紀錄是六校共享一棟大樓。空間擁擠到沒有地方可以上體育課，學生只能選擇如瑜伽等室內的活動。但年輕校長和老師們利用有限資源，勇於創新課程和教法，與學生互動密切，培養學生未來所需「溝通、合作、批判性思考、創造」能力，讓 iZone 計畫底下的 iSchool 頓時翻身為一千五百人排隊申請、只能取一百人的明星學校。

數位轉型，成功的關鍵就在好老師

北卡羅萊納州摩斯維爾（Mooresville）學區，近兩年成為全美數位教育取經的必訪之地。五年前，該學區八所學校實施全面數位轉換：三到十二年級學生一人一台筆電；捨紙本教科書、用線上內容；所有課程改為專題式學習；資深老師帶領其他老師合作設計；家長、地方電信業者密切合作，確保每個家庭都能連接網路。

科技導入教育，成效常無法具體衡量，但是摩斯維爾學區的整體學業成績的確明顯提升。在北卡一百五十個學區中，摩斯維爾從四十二名進步到第二名；高中升大學的比例從七四％提高到八

（攝影／楊煥世）

八%；非裔黑人學生的高中畢業率也提高到九五%。

摩斯維爾掌握的教育預算是全州末段班，但數位成就成為全美典範，學區長艾德華茲（Mark Edwards）也獲選為「二〇一三全美最佳學區長」。在《親子天下》的專訪中，艾德華茲表示，剛開始有很多壓力，老師有適應困難、硬體不能出錯的壓力，學區有確保基礎網路建設的壓力，每個人都要接受訓練。「我們提醒老師，轉型需要時間，給他們很多情緒上的支持，也榮耀他們的努力，」艾德華茲也一再強調「數位轉型，成功的關鍵就在好老師。」現在學區老師離職率只有一%，全美約一百個學區，正預備複製摩斯維爾的模式。

授權（Empower）

權力轉移，創造以學生為中心的學習

「混合式學習」（Blended Learning），是當前美國數位教育的主流。這種結合線上學習與師生實際面對面討論、指導的課程，能讓學生得以按照自己的步調學習，老師能掌握個別學生的學習現況，隨時以一對一或小組的方式，因材施教。

加州有全美最多的理念學校（Charter School），新校多半強調混合式學習。二〇一二年才成立的艾爾發理念中學（Alpha Public Schools），雖然校舍簡單，得和隔鄰小學共用操場，但每間教室都有十幾台電腦。六年級上數學、英文課時，老師用投影機、教具對一組約十人講解新觀念，另一半學生則戴上耳機，連上線上評量工具 Mastery Connect，繼續前一天自己的練習進度。

卡珊卓很快就完成，她志願整理全班作業，「我喜歡這樣，可以選擇我要做的練習，很好玩。」學習有困難的路易斯，就有即將取得教師執照的「學習教練」來協助他。

這裡一百七十位學生每人都有個人的學習計畫，每六週，校長和七位老師、兩位學習教練開會，分析、討論所有學習數據，即時調整學生的學習目標。艾爾發的混合式學習模式，獲得「矽谷學校基金」三十萬美元的獎金。

以研究企業、組織、政府成功關鍵著稱的哈佛商學院教授克里斯汀生（Clayton Christensen）預言，數位科技必然「破壞」原有教育窠臼，創造「以學生為中心的教育」，提升美國競爭力。二〇〇八年，他和門生在舊金山灣區，設立非營利的教育智庫「Innosight Institute」（現改名為「克里斯汀生破壞式創新研究所」），全力推廣混合式學習。

而全世界使用率最高的免費教學資源網站可汗學院（Khan Academy），則創造了「翻轉教室」模式：學生自行在家看影片「上課」（預習或複習），到學校不是為了「聽講」，而是為了與老師討論，與同儕共同完成作業。可汗學院不但翻轉了傳統學習的順序，也改變了老師的角色和任務（請見九十頁）。

參與（Engage）

給學生付出和貢獻的機會，主動回饋，終結被動學習

數位學習的投入和規劃，首要的考量是什麼？我們訪問美國參與甚深的教師和校長，得到的回應不是硬體、軟體，而是「學生如何參與」。這波數位革命，讓掌握科技工具的「滑世代」學生們，第一次擁有比成人更熟練的使用能力。因此學習歷程的設計，必須向他們招手，讓他們主動參與。

什麼可以吸引學生趨近？在台灣，線上遊戲被家長老師視為洪水猛獸，嚴重影響孩子

數位學習的投入和規劃，首要考量不是硬體、軟體，而是學生如何參與。

的心智發展與學習。在美國，卻連歐巴馬都呼籲，要增加美國在教育科技上的投資，發展「遊戲式學習」。試圖擷取遊戲中任務／目標導向、破關、回饋、互動、團隊合作等元素，放入教育歷程，希望「讓數位家教跟真人家教一樣有效，教育軟體跟線上遊戲一樣讓人想一玩再玩。」

紐約市甚至出現全美第一所「遊戲」中學「Quest to Learn」，全部課程以線上遊戲的精神來設計。每堂課學生都以小組為單位，去打怪、克服挑戰。功課除了傳統的閱讀、紙筆作業，還有玩電玩、多媒體創作、部落格經營等，更重要的，每個學生都要設計自己的線上遊戲。學期成績沒有分數等第，而以遊戲語言分為新手、學徒、大師等。這些聽來就令人眼睛一亮的課程，可以想像學生有多投入。

讓弱勢孩子更有學習動力與自信

在台灣談到數位教育，昂貴的科技設備讓人以為那是富裕家庭孩子的特權。但是美國數位學習風潮中，反而特別強調運用科技跨越貧富落差，幫助弱勢孩子建立自信。例如全美已成立三百多個的學生社團「滑鼠幫」（MOUSE Squad），專門替學校解決數位軟硬體的疑難雜症。滑鼠幫成員很多是弱勢學區的中小學生，受過訓練後，替學校省下龐大維修經費，學生也看見自己的能力和貢獻，成為學校英雄。

多項研究也發現，使用網路和新科技融入教學，對弱勢與低收入家庭的學生，有提升學習動機的功效。美國一項針對底特律六到十年級的國中小學生研究發現，使用網路，對低收入家庭的學童，特別有鼓勵閱讀的效果，也有助於閱讀測驗成績和在校成績的表現。

滑世代教學新挑戰：科技不是萬靈丹

數位浪潮排山倒海而來。美國老師的電子信箱，經常被各式科技新名詞和新趨勢信件擠爆：「學區數位升級，Chromebook、iPad 優劣比較」、「OER（開放教育資源）：取代紙本教科書的最佳選擇」、「提醒：今晚七點數位領袖網路高峰會」。老師開始質疑，科技真是教育的萬靈丹？

專研數位媒體對兒童發展影響的非營利組織「媒體常識」（Common Sense Media）調查，幾乎所有中小學老師都肯定科技帶來學習資源的豐富；但是七成老師也觀察到，學生專注力降低，六成老師認為科技帶來的干擾大於幫助。《紐約時報》童書評論編輯寶蘿（Pamela Paul），則看到太多教育類App和線上遊戲，只偏重聲光和互動效果，卻忽略兒童發展。她提醒，科技應該在教室裡扮演輔助教學的角色，但對中低年級的孩子來說，更重要的是必須了解，「學習不必然有趣好玩，有時必須透過一些無聊、重複的苦功，才能學好。」

美國已經開始衝上數位浪頭。正如可汗學院創辦人薩曼．可汗（Salman Khan）所說：「一切都還在初始的階段，一定會有成功、失敗的經驗，每個涉入其中的人都要有很開放的心態，去實驗，找出有效的教與學方法。」教育，是幫助孩子面對未來不可測的世界，不是重複成人的過去。

當美國孩子人手一台「Made in Taiwan」的尖端學習平板，重新拿回自己的學習主導權、大步跨進未來的同時，台灣，要如何善用科技優勢，裝備我們的孩子？

翻轉教室，創造不怕丟臉的學習世界

焦點專訪 薩曼．可汗（Salman Khan）

文／賓靜蓀

或許你以前沒有聽過可汗學院（Khan Academy）。但從此刻起，你必須認識這所「學校」，並且準備好擁抱這所世界最大的學校持續帶來的學習革命……

可汗學院，是一個免費的教育資源網站，是目前全世界使用率最高的二十四小

（攝影／楊煥世）

時「網路家教」，比爾．蓋茲（Bill Gates）和Google員工的孩子都曾受惠。可汗學院網站最著名的，是四千多支各十分鐘的數學、科學、歷史、藝術等教學影片（內容符合從小學到大學的程度），以及相配的互動式習題。每一個大人小孩只要登錄上網，就獲得一張專屬的「知識地圖」，提醒你還可以挑戰的領域，也留下一份個人的學習紀錄：在哪一題花了多少時間？哪類練習重複做了幾次？截至二〇一三年十月止，可汗學院影片的觀看率已達三億次。

可汗學院也已經成為全世界兩萬間中小學教室的教學幫手。網站提供全班每一個學生的即時學習紀錄，讓老師可以在課堂上針對個別學生的需要，立刻給予更適當的指導。可汗學院揭示了數位時代「個人化學習」的可能，以及科技分享的強大力量。

印度孟加拉裔的創辦人薩曼．可汗（Salman Khan），原本走的是一條美國典型數理資優生的生涯路：獲得美國麻省理工學院（MIT）數學、電腦等三個學位，以及哈佛商學院企管碩士學位後，任職矽谷創投科技公司工程師及避險基金分析師。

直到二〇〇四年，科技促成一個美麗的意外。

可汗從擔任表弟妹的「遠距家教」經驗中發現，在家中衣物間自製、並放上YouTube的數學、科學影片，不但恢復表弟妹對數學、科學的興趣和信心，也幫助許多陌生的學生、家長、老師。他從多如雪片的感謝回函中，看到科技在教育上的可能。在工作之餘，他熱血的獨自做出一千多支教學影片及互動式習題。

二〇一〇年，是可汗學院擴大影響力的關鍵點。Google和比爾．蓋茲分別贊助兩百萬、一百五十萬美元，可汗學院從個人義工「很孤單的開始」，擴展成一個有四十名全職員工的非營利組織。除了自製更多影片、改善學習資料庫，可汗學院也舉辦「發現實驗室」夏令營，邀請孩子動手玩那些天馬行空的想法；他們也和中小學老師密切合作，想要嘗試「翻轉教室」的新模式：有了網路上豐富的學習資源，可不可能學生在家上網「聽課」，到學校才是為了和同學一起做「作業」，讓老師的角色成為客製化學習和互動的設計師。

二〇一三年四月中旬，可汗在位於加州矽谷山景市（Mountain View）Google總部附近的新辦公室，接受《親子天下》的專訪。專訪前，這位小時候曾經每天看十二小時電視的數學天才，還在自己的電腦前，親自錄製有關第一次世界大戰歷史的影片，書架上放滿歷史、社會學的書籍，牆面上滿是他隨手的塗鴉。可汗預言，科技輔助教學的混合式學習，將成為下一波教育的主流。以下為專訪內容：

Q 可汗學院是怎麼開始的？

A 二〇〇四年我住在東岸的波士頓，家人、親戚從南方的紐奧良來參加我的婚禮。姑姑提到三個孩子的功課，尤其擔心六年級的表妹在中學數學能力分組考試沒考好，我滿訝異為何這個很聰明又用功的女孩，數學會卡住，於是答應當她的家教。

我們約好下班後用電話和電腦（Yahoo Doodle 共寫軟體），教她數學。頭幾個月幾乎每天都練習。之後她不但都搞懂了，還超前班上進度。她重考一次分組測驗，結果進入進階班。她七年級時，數學已經達到十年級的程度，高中時她開始選修大學的微積分課程。後來，我又開始教她九歲的弟弟，這個男孩兩個星期前申請進入ＭＩＴ，我還滿驕傲的。

二〇〇六年，我搬來加州，雖然我的正職一直是避險基金分析師，但同時我已經成為家族中十到十二個表兄弟姊妹、朋友小孩的家教，每週要花十幾個小時教他們數學，或解決他們任何課業問題。後來我開始寫互動式的練習題給他們做。

因為我自己是工程師，我也設計出一些程式和軟體，去追蹤他們的進度和進步。後來我又替自己寫報告，看看身為家教，我的表弟表妹覺得哪些練習很困難或很容易。那就是最早的可汗學院。二〇〇六年十一月，一個朋友建議我擴大「事業」規模，乾脆做點教學影片放上 YouTube。我還說，這太蠢了吧！YouTube 是那些「貓咪彈鋼琴」影片的園地，容不下數學如此嚴肅的內容。

但後來還是做了，最先的影片也只是我自己所寫教學軟體的補充教材而已，原來用意是「如果你還不懂，就看看這些影片吧！」那時，放上 YouTube 的影片最長只能十分鐘，沒想到後來印證到專注力的理論，剛好那也是孩子能夠完全專心的時間長度。而且我想，如果有人頭出現，可能會分散注意力，所以決定只出現黑板說明的樣子。影片都是在我家衣物間裡錄製的，沒有太多昂貴的器材。

那時做了約八十幾部教學短片，算是建立了解代數的基礎鷹架，後來我又繼續做了幾何、微積分、物理等影片。這變成我上班之餘的休閒活動。更令我振奮的是，我開始接到陌生人的回應，說我的影片幫助他們通過考試，或幫助他們的孩子了解某個問題，甚至幫助他們重回大學去念書。

目的：透過影片彌補學習落差

Q 從你當家教的過程中，你發現了什麼？為什麼學校不能提供你給學生的幫助？

A 我表妹遇到的問題其實很普遍。她是好學生，老師交代的她都照做了，但我們的教育體系下，如果你在規定時間內，有一個簡單概念沒搞懂，你永遠沒辦法停下來搞懂它。

全世界的教育都一樣，把同年齡的孩子編成一班，用同樣內容教他們，希望他們以同一學習速度往前移動、然後參加考試，不管你考了B、C、D甚至A，都會讓學生覺得自己「不夠聰明」。在這樣的逼迫下，勢必形成很多知識上的落差，例如在代數上的小落差可能會阻礙你學習乘法，一旦你錯過，就沒有機會再好好搞清楚了。

透過我設計的軟體、影片、各種練習、直接的教導，讓表弟妹們有機會自己去練習，把所有他們在學習過程中累積的落差補起來。那些影片容許我的表弟妹（以及現在的很多很多人）重複觀看、學習，不用感到丟臉或害羞。多少人曾因為害羞、覺得丟臉，不敢承認自己忘記學生時代學過的東西？

影片的價值在於，沒有人會來評價你，你可以自己決定觀看的時間、速度。如果哪裡不懂，你可以把影片停下來、去請教別人、去看另一段影片，也就是說，影片把學習經驗個人化，讓學習者覺得安全。

我設計的軟體可以蒐集孩子的學習狀況和成效，讓做為老師的我可以看到哪裡出現了問題，可以在哪裡補強。通常，老師不容易發現每個孩子卡在哪裡，但現在電腦裡就有每個人的學習數據資料庫，一目了然。

影響：對傳統教育帶來衝擊

Q 可汗學院引發了一場學習革命，你自己在這幾年看到哪些因此引發的改變？

A 我會很小心用「革命」兩個字，因為我們還在非常、非常初期的階段。你去看大部分的學校，其實都沒有任何改變。

我想可汗學院帶來三件事：一是讓大家驚豔，這樣一個非營利的網站，認真的提供嚴肅的學習內容，竟然吸引那麼多人來使用。現在有很多的營利機構，也開始進入網路學習的領域，這是一件好事。

其次，可汗學院改變了教育相關的對話內容。講到教育，還是難免會提出傳統的問題：一班該有多少學生？教育該投資多少錢才夠？現在因為可汗學院的大受歡迎，希望讓大家重新思考整個教育制度。為何學習一定要局限於規定的上課時間和座位？為何我們要讓學生這樣學習？讓他們覺得自己很笨？為何我們不能把焦點放在學生身上？為何教室裡一定都是老師講課、學生聽？為何師生互動不能多一點，或用專案學習方式？現在，哈佛、ＭＩＴ、史丹佛這些頂尖大學，都認真開始重新設計課程並放上網路，讓很多有興趣的人免費學習。這些做法有指標作用，大家會說，連一流大學都開始不再講課，我們也應該不再單向講課，而更增加教室中的互動，才會產生永續的學習效果。

另外，我們收到成千上萬的見證都表示，大家愈來愈察覺可汗學院的價值，我們用前所未有的方式和力量，去提升學生的學習能力。很多學生無法負擔請家教的費用，或家教的品質良莠不齊，可汗提供免費的教學，讓父母的擔心有個出口。

改變：老師的角色由主導變成輔助

Q 你很強調學生的學習自主權（student's ownership），這個態度對學習有何益處？

A 在傳統學校模式裡，學生得坐好，老師把手指放在嘴唇上（表示「請安靜」），然後開始講課，學生不能講話，否則就有得好看。課程、學習速度由老師、各州制訂，本週我們要學Ａ，下週學Ｂ，這讓學生變成很被動的人，完全照著老師說的去做，不會多也不能少，做完了，就問老師：「那我接下來要做什麼？」在你得聽命於老闆的工業時代，這樣的學習是ＯＫ的；但今天的世界強調創造力、自己重新定義問題能力，像「自動化過程生產出來」的學習方式，就無法應付。

這完全改變了學生對學習的態度，他們不再說：「老師，接下來我該學什麼？」而是說：「這是我的目標，這是我為達到目標所做的計畫，請老師提供我可以利用的資源和工具（老師、同儕、可汗學院等各種教材）。」這不僅對學習很珍貴，更是學生一生都需要的技巧。

Q 有些批評說你不是老師，你的教法也不過是讓學生做練習，可汗學院的挑戰是什麼？

A 我的確沒有教師證，也不是合格老師，但我從來沒有宣稱自己是老師。我是一個創造內容的人，當然和在教室裡、面對孩子的老師，是完全不同的角色。我相信，好的內容會為自己說話，不需要太多辯解。

我們從三年前開始和加州的公私立中小學老師合作，很多老師對教學加入可汗學院的資源，抱持正面態度。他們大多認為能更投入教學，因為過去他們無法去處理每一個孩子的個別需求，現在他們有更多時間去面對每一個學生，因為對全班講課的時間減少了，教學可以更個別化，老師都覺得自己的能力提升了。

我們不認為，可汗學院的東西可以取代其他教學資源或方法，我們只是建議，可汗學院建立了這樣的工具，如果學生在學習某個概念有困難，不妨讓他們試試不同的方法。

可汗學院和中小學老師的合作很密切。我們四十位正職員工中，就有六位原本是中小學老師和大學教授。此外，我們有三位全職同事，專門面對直接和我們合作的五十位老師，專門協助我們研發互動內容和練習。

（攝影／楊煥世）

▲ 可汗學院位於加州矽谷山景市的辦公室一隅。

理想：學校要留空白時間給孩子探索

Q 你的兩個孩子分別是四歲、兩歲，你能想像當他們入學時，學習會變成什麼樣子？

A 可能學期會長一點，暑假短一點。有人會跳腳說：「什麼？你要縮短暑假？」但學期的每一天，都會是開放式、更有創意、更好玩，讓你覺得上學好像在參加夏令營。我想像的是，他們將混齡、在同一間教室上課，每個人會有適合他能力的課程內容。每天的某個時段，全部的孩子聚在一起分享自己的學習經驗，也許可以互相學習，學得比較快、比較年長的孩子可以當小老師。

未來的學校會有很多的空白時間給孩子去探索、創造，我想像中，也許每天有三分之一時間學核心課程，但按照每個孩子自己的速度和時間學習，個人化的學習會比較有生產力。三分之一會是有架構的探索，孩子有教練或老師來協助去創造、發明、做出什麼來。另外三分之一就讓孩子自己玩。

Q 從你的觀點，你認為美國的數位學習發展得如何？

A 我們並不知道，對每間教室來說，數位學習的正確答案是什麼，我甚至不認為有單一答案適用於每間教室。我們只在一個非常非常起初的階段而已，一定會有成功、失敗的經驗，每個涉入其中的人都要有很開放的心態，去實驗，找出有效的教與學的方法。但十年之內，你一定會看到混合式學習（Blended Learning）變成教育中的主流。

美國現場——學校在改變

KIPP學校：打造個人專屬上大學計畫

文／賓靜蓀

這裡學生七成來自低收入戶、程度低落，二〇一一年卻成為加州標準學力測驗績優學校，數位學習扮演關鍵性的角色。

車子沿著八十號公路，穿越水天一色的舊金山灣，陽光燦爛。我腦中複習著這所奧克蘭KIPP Bridge理念中學的資料：三百多位學生中，九成非白人，七成來自低收入家庭。二〇一一年該校成為全加州標準學力測驗績優學校，二〇一三年獲選與Google合作首批平板電腦的教學成果。

所有搭不起來的想像，從踏進簡單明亮的行政走廊就受到震撼。

這所學校激發多元的企圖心。榮譽牆上，貼滿畢業校友就讀的高中、大學校旗。另一面牆寫著「Work hard, be nice」的KIPP校訓。管弦樂團的練習還有點走音，音樂劇《美女與野獸》當晚即將開演，空氣中有一種振奮的張力。

發現一：上網自學，孩子愛上學校

這所學校重視每個學生的學習成就。教室大樓三個樓層，一片專注的安靜。四月上旬起，每班已開始加強準備五月初的加州會考。特別的是，每張桌上，除了課本、講義，還放著一台筆記本大小的 Nexus7 平板電腦，視老師的課程安排，學生可隨時上網自我學習。

七年級數學課，每個學生用完成習題的秒數來自我挑戰。數學很強的荷西連進校內 Achievement 數學軟體，每做完一題，Nexus 上立刻顯示時間，老師一一登錄下來。這份學習紀錄不僅刺激荷西學更快、更好的向上心，全班的學習數據也做為老師未來上課的參考。

五年級英文加強課，每個學生在 Socratic 閱讀軟體裡，按照自己最需要加強的部分練習。一頭蓬捲髮的柏瑞佳，很喜歡 Nexus 裡面的資料，可以閱讀各種故事，還有文法提醒，她的英文寫作已經有很大的進步。「每天我在學校學了什麼，回家就教妹妹，她已經會算錢了，」柏瑞佳小聲說：「我超愛上學的，我覺得我就屬於這裡。」

這樣發自內心的學習動機和喜悅，不就是全天下父母、老師夢寐以求的嗎？KIPP Bridge 理念中學，如何讓入學時程度平均落後兩年的國中生，把學習當成一種榮耀，並相信自己可以學得更好？

發現二：學習文化，師生共同承諾

「我們從第一天起，就訂下高期待，要塑造一個學習文化，最終目標，是把每個孩子送進大學，」校長潔克森（Lolita Jackson）說。

學習從品格開始。不論是開學前兩週的夏令營，或是每天早上七點半的全校晨光時間，潔克森都帶著孩子按照每天主題練習，從如何坐在位置上、如何走路、如何使用洗手間、到如何跟老師說話，「我們稱為百分之百細節，每個細節都從頭練習。」

潔克森絕不嚴厲，是一位任何人都想跟她講心事的教育家。她忙著巡堂，認識每個孩子，除了品行、學業成績、多元發展，她更關心教育是否「讓孩子各方面都準備好，進入真實世界。」

KIPP學校相信，也不斷證明，社會弱勢不代表學習弱勢。為此，師生都要承諾，全力以赴。學生（和父母）要承諾，每天早上七點二十五分前到校，每晚

什麼是 KIPP ?

成立背景：KIPP（The Knowledge is Power Program，知識就是力量計畫），是美國最大、最成功的理念學校（Charter school）體系。從 1994 年兩位老師承諾要幫助弱勢孩子上大學，在德州成立第一所 KIPP 理念中學開始，至今在全美已有 125 所 KIPP 中小學和高中，總共 4 萬 1 千名學生。

傑出成果：KIPP 學生享有公校福利、私校服務。9 成是非裔美人與拉丁美洲裔，8 成 5 來自低收入家庭，8 成學生入學時的閱讀能力低於學年標準。但目前 93%的 KIPP 畢業生能進入大學，預估至 2015 年，入大學的學生總數累計將達 1 萬名。

（攝影／楊煥世）

▲加州奧克蘭 KIPP Bridge 理念中學，五到八年級人手一台 Nexus 7，可視需要上網自我挑戰。

KIPP Bridge Charter School 小檔案

源起：位於北加州奧克蘭市的 KIPP Bridge 中學，成立於 2002 年，目前有 325 名 5 到 8 年級中學生。

特色：這所中學是加州標準學力測驗績優學校，整體學業成績為全加州的前 10%。2011 年，6 年級數學課導入可汗學院教材；2013 年 2 月起和 Google 合作，給每位學生一台 Nexus 平板測試教學成果。

一定完成功課，必要時週六到校學習。每位老師承諾用最適當的教法，全力提升孩子的學習動機和成果。每位老師都留下手機號碼，晚上九點以前，學生有任何問題都找得到老師。

在這樣的學習文化中，科技，是一雙有助孩子學習飛行的翅膀。

發現三：科技設備，學習更專注

潔克森期待「科技可以弭平成就差距」。儘管目前還不知Google的合作計畫是否更有效，但「科技的確將學習干擾，降低到可接受的範圍，」她觀察。學生下課就想試驗Nexus的各種學習可能，「走道上的怪行為不見了，學生到辦公室來的次數也少了，科技真的有助學習動機，」她笑著說。

關於科技導入教學，潔克森並不須孤軍奮鬥，她有「舊金山灣區KIPP學校協調辦公室」的全力支持。

年輕的「創新總監」桑德（James Sander），史丹福大學教育碩士，自己也曾經是Google認證教師、KIPP優良教師，他負責規劃灣區七所KIPP學校的數位學習和老師專業訓練。混合式學習是他的信仰。「我們把科技導入教室，不是因為它好玩又新奇，而是因為我們能讓學習更符合每個學生的需要，」被女同事開玩笑還會臉紅的他堅定表示。

目前，奧克蘭KIPP模式還只是開始階段。他興奮的期待，不久的將來，科技可以讓每個學生都訂出一個個人專屬的上大學計畫，學生看到自己每個進步，老師得以幫助每個卡住的地方。

科技，不必然冰冷，也不必然是社會階級的象徵。用在充滿關懷和信任的學習環境裡，它的強大影響，更令人感動。

美國現場——老師的轉變

超酷歷史課：每個人都是蘇格拉底

文／賓靜蓀

阿姆斯壯老師課堂上很少講課，因為他認為所有知識都可以在網路上找到，而他開創的教學模式，也翻轉了教室定義。

站在身高近兩百公分的阿姆斯壯（Anthony Armstrong）老師面前，我覺得自己有如「哈比人」。果然，他大學曾參加籃球校隊。打籃球的實戰經驗，深深影響他的教學。他相信，「學習應該像打籃球，每位球員苦練後，就實際上場打球，才會感受到自己的力量。」但很多孩子的學習，卻像「一直在背誦一本關於球賽規則的書，但從未真正打過一場球。」

阿姆斯壯在加州舊金山灣區迪馬中學（Del Mar Middle School）八年級的「美國史」課，開創了一個活用數位科技的全新教學模式，「翻轉」了傳統教室。

課程：學生上網自行看內容、寫測驗

所有課程內容、作業、測驗、時程，全部放上「維基空間」（Wikispaces）。

他將整學年的課本內容（美國內政、外交、政治等），融會貫通成三大主軸：「籌組政府的目的是什麼？」「如何設計一個能保護人民權利的政府？」「政府何時應該帶領人民進入軍事衝突？」學生每天連網進入這個合作學習平台，利用老師提供的多媒體資源（國會圖書館「美國記憶計畫」、歷史頻道等）學習。他鼓勵學生看國內外電視新聞，並和學到的歷史事件做連結。

學生完成上傳網路的小論文、研究，多半是為了期中或期末的大型專案，包括自行錄製的一分鐘口頭報告。準備好了，就可以在規定的期限內，隨時登入 Quia.com 做計時線上測驗；如果成績不佳，還可以用不同考題再考一次。網站自動向老師回報個別和全班的學習結果。

阿姆斯壯表示，整個課程設計是要讓學生自己主導學習，他發現學生會一考再考，「因為他們有強烈要學好、學會的動機。」他也會和一直考不好的學生面談，以了解該如何幫助他。

驗收：課堂上進行「蘇格拉底研討會」

這樣看來，歷史課幾乎像是線上課程了，那，每天那堂五十到八十分鐘的實體歷史課，要做什麼呢？

課堂上，全班進行「蘇格拉底研討會」。

當所有知識都可以在網路上找到，學習絕不可能只為考試，「告訴我 Google 上找不到的東西，並且成為獨立的學習者」成為他教學的座右銘。

阿姆斯壯很少「講課」，他用各種方式引導討論，教室裡的桌椅安排經常因討論形式而有所改變。

「我希望學生上完課，具備歷史知識的基礎，對政府的功能和角色有所了解，並且基於學過的史實，能夠形成自己對政府、法案的論述，」阿姆斯壯表示。

全班圍成一個大圓桌的「蘇格拉底研討會」，就是讓學生練習「文明對話」的好機會。一方面練習口語溝通能力，一方面練習站在自己的立場表達意見。

通常，阿姆斯壯給一個有延展性、開放的主題（或歷史人物的角色扮演），邀請全班自己先獨立思考，再兩到四人一起討論，最後圍成一個大圓桌共同討論。阿姆斯壯只控制時間，及提醒學生注意彼此的發言次數。學生自動輪流發言，可以有不同意見，但言論必須以所學內容為依據。「我贊成／不贊成，因為……」「這是我的看法，理論基礎來自……」學生切身了解，原來一件事可以有不同的觀點和看法，「這裡就產生智慧，因為智慧來自看到事情的複雜性，」阿姆斯壯觀察。

（圖片提供：Anthony Armstrong）

阿姆斯壯老師 小檔案

任職學校：加州提布隆市迪馬中學社會科教師

榮譽與肯定：榮獲蘋果傑出教師，並持續擔任蘋果教育網站顧問、教育理想國、教育媒體設計和科技諮詢委員

教學百寶箱：維基空間、iAuthor

教學網站：http://delmarhistory8.wikispaces.com

這已經超越國中歷史課，而是一堂連大學生都不見得學得來的整合研究專題。

但阿姆斯壯發現，「八年級的孩子很喜歡這樣的討論，因為他們希望像大人一樣被對待。」平常行為偏差、愛搗蛋的孩子，會想表現得跟其他同學一樣好，而專心參與。他鼓勵學生走出舒適圈、踴躍發言，「老師的工作，就在培養出不怕犯錯、不怕有自己意見、願意冒險的學生。」

發表：用免費App將報告出版成書

阿姆斯壯更充分利用網路資源，提升學生的學習動機，讓學生體會學習的意義。

他利用免費的App iAuthor，教七年級學生整合影音資訊寫世界史報告，學年結束，集結所有報告，變成一本書，可以在網路上出版。「以前你寫報告，最多只給老師看，現在你可以在線上出版，學生都興奮得不得了，想交出最好的報告，」阿姆斯壯笑著說。

他又向學區家長會申請兩千美元的創意基金，購買線上樂高遊戲Minecraft，讓七年級的孩子將剛學過的文明成功因素重新玩出來，共同建立一個「線上文明」，有學習又有創意。

科技，讓阿姆斯壯的教育理想發揮得淋漓盡致。數位時代的老師，不只是知識傳遞者，阿姆斯壯期許自己是「學習經驗的設計專家」。

文／林韋萱

超強滑鼠幫，連IT部門都驚艷

滑鼠幫成立目的不只是培養學生當科技專家，也不只是替學校節省電腦的維修費用，而是透過服務，讓學生相信自己能做更多！

滑鼠幫不是個扮家家酒式的社團。他們是由學生營運的校內IT部門，如果學生筆電故障、老師的互動白板出狀況，不用焦急等待資訊組或維修人員來處理，直接連絡滑鼠幫的學生就能解決了。

一九九七年，紐約網路創業家拉西耶（Andrew Rasiej），為了要幫助學校彌補科技落差，成立了全國性的非營利組織「滑鼠」（MOUSE）。初期目標只是贊助學校獲得科技設備，但二〇〇〇年時，學校不缺設備了，滑鼠組織便成立新計畫——「滑鼠幫」（MOUSE Squad）、「滑鼠部隊」（MOUSE Corps），目的是訓練從國小到高中的年輕學生使用科技的能力，並且在資訊社會有良好的前途。

目前全世界已經有四百三十個滑鼠幫，約五千五百名成員，歷年來已服務將近兩百萬名學生和教職員。在眾多滑鼠幫中，紐約市哈德遜科技高中（Hudson High School of Learning Technologies）榮獲二〇一一年最佳滑鼠幫。

學科技：從服務得到自我肯定

哈德遜高中滑鼠幫成員的學生證上驕傲的註記著滑鼠幫的logo（標示），他們有自己的辦公室，有各自要關照的班級。「他們已經完全取代了外部維修人員，」指導老師歐提茲（Wilson Ortiz）很自豪的說。連校長安玲（Nancy Amling）也盛讚「要不是已經花錢買了那些保固，我根本不會叫外面的人來修東西。」最近安玲在做教師發展評鑑，也商請能幹的滑鼠幫成員協助設計相關調查。

但是滑鼠幫的意義，遠不只是培養學生當科技專家，也不僅是替學校節省維修費用，而是在讓學生相信自己「我辦得到！我還可以做更多！」滑鼠組織執行總監雷布茲（Daniel Rabuzzi）說。

因此滑鼠幫的訓練課程非常強調心理素質的成長。滑鼠組織每年調查成員的學習狀況及意見，結果有九六%的學生自認為解決問題和溝通能力增強；九五%的學生對自己更有信心，也相信將擁有更美好的未來。

科技也許沒辦法改變個性，但藉著科技培養出來的自信，卻足以改變人生。

學合作：讓叛逆少女變明星學生

就在《親子天下》赴哈德遜高中採訪的前一天，滑鼠幫的成員、十一年級的奧妮（Zainab Oni）才因為參加白宮舉辦的科展握到了總統歐巴馬（Barack Obama）的手。奧妮風光返校後，所到之處都有人群圍著問她白宮之旅感想。「你想像得到嗎？她一開始是完全不跟別人合作的，」安玲回憶奧妮兩年前的狀況。這個十一歲才從非洲奈及利亞來到美國的女孩，因為聰明高傲，最痛恨與其他同學合作，也很不屑老師指定的任務。她寧可被留校察看好幾次，還是頑固的只做自己想做的事情。後來奧妮加入滑鼠幫，從自以為是的獨行俠成了讓團隊更出色的明星學生。

（攝影／楊煥世）

▲哈德遜高中的滑鼠幫有自己的辦公室，每週舉行一次任務會議分配工作。

滑鼠幫 小檔案

源起：1997 年，網路創業家拉西耶拜訪鄰近高中後發現，學校裡面最先進的設備竟然是電動打字機。在「一個街區兩個世界」的震撼下，成立了「滑鼠」這個全國性的非營利組織。

目的：「滑鼠幫」是學生的科技服務社團，訓練學生協助建置和維護學校科技設備。大多數的滑鼠幫都成立在資源缺乏的弱勢學校，除了訓練學生的科技能力外，也希望藉此幫助他們找到自信，並追求更高等的教育。

學溝通：獲得「老師客戶」信任

因為滑鼠幫面對的「客戶」，常常是比自己更權威的老師和教職員，因此，如何不卑不亢的溝通並取得「客戶」信任，也是滑鼠幫的一大挑戰。像是加州飛馬學校（Vallemar School）的滑鼠幫，成員是四到八年級的小朋友。指導老師坦承，這些孩子花了很多時間才贏得其他教職員的信任。畢竟眼看著小鬼頭拆解自己的電腦，老師們還是不免心驚。

為此，這些成員必須分組照料不同班級，比方說幼稚園電腦有問題，就由負責幼稚園的小組前往查看，並非工作一來就隨機分配。如果教職員頻繁接觸固定成員，加上指導老師從旁協助，自然會讓人比較放心。

滑鼠幫的訓練非常完整，除了必備的科技訓練外，還安排參訪各類型的企業，像是動畫製作公司、電腦回收廠，或是大企業的IT部門。對於想更精進的學生，可以進入「滑鼠部隊」，除了會接觸到各種尖端科技，組織還會安排科技業內的工作者擔任成員的導師。不只是學生要受訓，滑鼠幫也安排校方和教職員的課程。畢竟滑鼠幫的運作，有賴於全校師生的了解、認同與鼓勵。

滑鼠幫是個由社會、企業、學校師生，共同為學生打造的舞台。終於，社會意識到了學生可以不再只是被動的接受教育。從滑鼠組織縝密的訓練，到學校師長無保留的讚美與肯定，一切的目的就是要讓孩子相信，對於教育、對於自己的未來，他們可以掌握得更多。

（攝影／楊煥世）

期待更好的學校，更多的選擇

編者的話

文／何琦瑜

《親子天下》曾經做過回收四千八百份的家長網路調查，近八成的家長會為選擇學校而苦惱，超過七成的家長會考慮學區以外的學校，超過五成的家長，會為孩子的學校而遷戶籍。

由此或可窺探，過往中小學用學區框住的義務教育思維已經轉向。當前有能力的中產階級家庭，無不「用腳投票」，以實際行動為孩子尋找「更適合的選擇」，是值得所有教育工作者、政策擬定者重視的「關鍵議題」。

在台灣，二〇〇八年的新生兒數目首度跌破二十萬大關。換句話說，未來五年，假設沒有任何改變，少子化的趨勢會讓一百個上千名學生的中大型學校，平白無故的「消失」。

用經濟學的語言來形容，我們將面對一個「供過於求」的「買方市場」。家長選擇權將是一個形塑未來教育與學校樣貌的重要指標。目前各縣市已經有所謂的「共同學區」或「大學區」制度，讓家長在單一學區中有一所以上公立學校的選擇。不誇張的說，未來校長恐怕要捧著「學校藍圖」，去爭取每一個「稀有的學生」入學。更別提那群來勢洶洶、敏銳於「市場需求」的私立學校，如何積極爭取「最好的學生」。

這樣的景況全世界都在發生。公立學校要能因應家長選擇權高漲的「擇校世代」，必須提供更多元的學校樣貌，更積極的特色化經營。《親子天下》也報導了英國、日本、美國、香港的行動，如「公辦民營」、「自由學區」等作為，刺激公立學校往多元、高品質的方向發展。

其實台灣有著世界少有、均質的中小學公校系統，但面對供過於求的未來，如果沒有引進好的教師和學校評鑑機制、更開放多元的辦學空間，恐怕我們也會步上美國和日本「公校崩壞」的後塵。當有能力的家庭都往私校挪動，社會的M型化、貧富差距也將日趨嚴重，當教育無法做為社會階層流動的助力，衍生的將不只是個別家庭，而是整體社會的災難。

另類學校的啟示

《親子天下》近幾年來，也陸續報導了台灣勃發的另類教育之發展。其中最值得注意的，是強調「慢學」的華德福系統。源自德國的華德福教育，是全球成長最快的另類教育體系。這個發展近百年的華德福教育體系，不考試、不強調競爭，重視全人的發展，允許孩子緩慢的開花結果，在世界各地都激發起孩子愛上學的動機。也因此，美國、英國等學界和公立教育體系，紛紛提出「向華德福教育學習」的研究和行動。希望將另類教育的優點，回注主流，擴展裨益更多孩子。

「我們最大的努力，應該放在培養出自由的人，讓他們為自己的人生，訂定目標與方向，」華德福教育創始人史坦納博士，描述教育的終極願景。華德福學校、另類教育、自學體系，這些「不一樣的學校」，在台灣，人數年年成長，需求愈來愈強烈。但因著體制、法令與經費的捆綁，目前發展還是很受限制。我們的關注和報導，並不是要鼓勵家長一窩蜂的去擠華德福學校；而是希望藉著這些故事，能夠激發關注教育的讀者共同思考，教育應該如何不一樣，才能培養出思想自由的下一代。

國際視野

擇校世代來臨

文／周慧菁・陳雅慧

從鄰近的香港、日本，到美國、英國、荷蘭……，愈來愈多國家大幅開放，成立公辦民營和多元特色學校，給予家長更多選校權，藉以改善公立學校經營效率和品質。

邁入家長主導選校的世代，會形塑什麼樣的學校風貌？如何邁向一條擁有更好學校、更多選擇的教育之路？

給予家長更多的學校選擇權、讓公立學校多元化，進而促進學校革新，提升教育品質，是近年來歐美教育改革的一個重點。在美國，有公辦民營性質的磁性學校（magnet school）與特許學校（charter school）便是這個政策理念下的產物。

以往，有家長選擇權的父母只存在中上階層，因為他們有能力將小孩送往他們所挑選的私立學校。

二〇〇二年初，美國總統布希簽署非常重要的「一個都不能放棄」（No Child Left Behind）的中小學教育修正法案，其中一章直接以「擴大家長教育選擇」為題，法案的內容指出：逐漸打破學區制觀念，逐步設立公立另類學校，擴大家長或學生的選校權。希望藉由學校之間的競爭，提升學校的水準。

磁性學校是最早由政府補助學校的形式，可得聯邦經費支助。通常是學校以發展某項專長特色，如音樂、藝術、電腦或語文來吸引學生就讀，無學區與入學條件限制。根據美國教育部統計，二〇一一年有二七二二個磁性學校，其中以密西根數量最多，計有四六四所。

（攝影／楊煥世）

特許學校的財務由政府支助，但享有高度自治，在課程內容教法、教師聘用、學校管理都有自主權，不受地方政府規範，但相對的也要對學生表現負起責任，而且不能另外收取學費。

特許學校可以聘請工程師、藥劑師或科學家當老師，即使他們沒有教師資格；當老師表現不符理想也可以馬上請他走路，不像傳統公立學校必須遵守法律規定程序。有些學校是由老師、家長與一些教育熱心人士共同成立，有些則是由非營利團體、大學或企業參與。

自從一九九一年明尼蘇達州通過第一個特許學校法，二〇一一年美國已經有超過五千二百個獨立的特許學校。

「我們需要一個二十一世紀教育的新願景——不僅是支持現有的學校，而且要刺激創新；不僅是投注更多經費，而且需要更多革新；父母要為兒女的表現負起更多責任；學校與政府要為成果負責。」美國總統歐巴馬在競選時期提出對美國教育的願景，要求政府、學校與父母對教育付出更多責任。

英美：下放權力，提高標準

每個政府都清楚，國家與人民的前途首在教育。於是在邁入二十一世紀前，全球興起教育改革熱。在這波持續進行的熱浪裡，有一個共同趨勢就是「下放權力，提高標準」，把辦校權力下放給學校與民間，但政府訂立嚴格的審核標準，做好「把關人」角色。

英國教育部門在二〇〇五年十月發表「提供所有人更高標準、更好學校」白皮書，希望每個孩童不管出身背景為何，不論居住何處，都能接受優質教育。而實現這願景的關鍵要素，就是加強學校多元化與自主性與擴大父母的參與及選擇。

英國政府加強學校多元化與自主性的做法是：

- 引進個人、團體、組織機構參與設立新學校，帶來新活力、新想法、新技能。
- 鼓勵所有學校成為基金會（foundation school）或信託（trust school）型態，讓學校能夠自主管理，並有創造自己特性與品牌的自由。

英國政府擴大父母對教育的參與，不僅在孩子學習的參與上，也在學校所提供的服務與學校管理上。二〇〇六年的教育與督察法設立新的家長參與途徑，不但鼓勵每個學校設立家長會議，學校營運管理納入家長看法，並鼓勵家長團體在當地學校無法滿足需求，或希望引進不同風格特色學校時，向地方當局建議設立新學校。

二〇一〇年，英國針對基礎教育啟動了一場激烈的改革，政府積極促進中小學轉型為「學院」（Academies），類似美國公辦民營的「特許學校」。簡單來說，就是透過預算來源的挪動，以及管理結構的重整，在中小學引進自由競爭，希望藉此提升教育品質。

進行中的改革運動，牽動英國整個教育界，成敗更攸關英國世代競爭力。「我們努力為學校爭取『自主權』。只有真正能自主、掌握和負責自己命運的學校，才有不斷追求卓越的動力。」英國教育大臣麥可．葛夫（Michael Gove）為執政黨教育改革的目標和願景定調。現在，英國的中小學，一半以上都掛上「學院」兩個字。

「學院學校」的制度設計類似美國的「特許學校」。公辦民營目的是希望鬆綁管制，增加學校創新空間。

學院學校和傳統學校最主要的差異在於經費來源：傳統學校的經費來自地方教育

全球興起教育改革，
有一個共同趨勢就是「下放權力，提高標準」，
但政府做好「把關人」角色。

主管機構，學院學校的預算則來自中央教育部。轉型成為學院的學校，根據學生人數會獲得和過去相同的預算；過去地方政府從中央政府領取投入支持學校的經費，也會直接撥給學校。此外，也容許私人、企業、非營利團體、其他學校的贊助，贊助金額比率最高達學校預算的一成。贊助者可以指定新的領導團隊，並引進新的氣氛和領導方式。

學校變「學院」後，有四大不同。一、不再接受地方政府的監督和管理；二、學校自由規劃老師和職員的任用和薪資水準；三、學校根據學生需求，自由設計課綱；四、自由的規劃學期和上課時數。換句話說，英國政府期望，「學院化」的中小學，拿回自主管理權力後，有更大的自由空間，得以發展差異化、更符合需求、更有競爭力的學校。

根據英國教育部二〇一二年的統計：英國的中學學生當中，每三個就有一個是念「學院中學」。「學院」學校總校數，掛在英國教育部網站首頁，數字不斷成長，像是教育部的業績指數，提醒大家：英國教育部對這項改革勢在必行的強硬決心。

荷蘭：私立學校公立化

英美等國家積極採用「公辦民營」形式，促進公立學校多元化，荷蘭卻讓私立學校公立化，更徹底落實家長的教育選擇權，讓父母可不受經濟因素限制，為子女選擇理想學校。

荷蘭是全世界中小學生就讀私立學校比率最高的國家，七成的學童就讀於私立學校。荷蘭的私立學校涵蓋各種宗教，包括天主教、基督教、猶太教、伊斯蘭教、印度教等各種教派創設的學校，也包含各種教育理念學校如華德福、蒙特梭利等。荷蘭義務教育從五歲到十六歲，學童在這期間不論讀公立私立（國際學校除外），都是免學費。

自一九一七年起「私校公助」就寫入荷蘭的憲法裡。荷蘭基於義務教育應是免費的原則，對私立學校給予如同公立學校的預算補助，教職員薪資、基礎建設、行政支出都由政府支付，所以私校也無收學費的理由。

荷蘭政府對於私校在管理上有要求，諸如教師的資格、師生比例、教師薪資等級及升遷等，但對課程安排與教學內容完全由學校自主。

亞洲現象

鄰近台灣，同樣重視升學與學歷的亞洲國家，如日本、香港，也開始逐步採取「擇校制」。

一九九六年，日本行政改革委員會下屬的「鬆綁支委員」重新提議在全國範圍內實施擇校制度，主張打破公立學校僵化、封閉、劃一的局面，在公立學校中引入市場競爭原則，引發極大爭論。

自二〇〇〇年四月開始，擇校在日本成為現實，東京品川區四十所小學劃分為四塊，每一塊內家長和學生可以自由選擇學校，從二〇〇一年開始擴大到初中。目前已經有十分之一的區域採行「學校選擇制」。

在香港，採取學區開放制，少子化壓力下，每個學校為了爭取學生，避免被「殺校（裁併）」，校長和教育工作者無不使出渾身解數，全面「向市場靠攏」。

這樣市場導向的學校經營，如果被家長狹隘的升學、成績至上主導，會讓公立學校「補習班化」。

市場導向的學校經營，
若要不被升學主義主導，
有賴教育機關投注資源，進行親職教育。

因此香港教育局投注大量資源做親職教育，例如香港教育局在各地辦理給家長的選校講座時，就特別強調「閱讀」是關鍵能力，把國際閱讀評比標準和結果分析給家長聽，讓家長感受到「閱讀」課程是選校的關鍵，透過家長的選校壓力，成功的讓香港中小學快速導入閱讀課程與相關措施，也間接造就了香港在閱讀評比排名世界第二的佳績。

不論是英美的「公辦民營」、荷蘭的「私校公助」，或是香港和日本的努力，為的都是使學校體系百花齊放，然後讓父母能夠為子女挑選最美的一朵。更好的學校，意味著每個孩子都能得到「最適的選擇」，讓學校成為每個孩子人生中學習自我實現、自我發展的最佳沃土。

華德福：「慢學」的教育哲思

文／周慧菁・陳雅慧

主張「慢學」的華德福教育，看似「很跟不上時代」，卻是全球成長最快的獨立教育體系。這，提供了主流教育什麼省思？

在全球學校多元化的浪潮下，為改革公立學校，許多非主流的教育理念與方法被引進，做為改革參考，其中最重要的就是華德福教育（Waldorf Education）。就像慢食、慢活，帶領我們重新思索生活意義，主張「慢學」的華德福教育，也刺激主流教育界重新思索教育的意義與方式。與現今社會學得愈多、學得愈早愈好的想法相比，華德福走的是一條很不一樣的道路。走進華德福的幼稚園，只見小朋友在色調柔美、由自然素材布置的教室裡，歌唱、畫圖遊戲、聽故事、做律動，不學電腦、不學寫字、也不學算術。華德福要求家長不要讓小孩看電視，學校也到中學階段才介紹電腦。

這個看似「很跟不上時代」的教育方式，卻是全球成長最快的獨立教育體系。一九九〇年代初期，全球只有不到六百所華德福學校，到二〇一二年成長至一〇二三所，是全球成長最快的另類教育體系。

關注「全人發展」與「更完整的學習」

長期研究全球另類教育發展的政大教育學院教授馮朝霖分析，華德福的快速成長，凸顯整體社會對於傳統教育體系發展走向「病態化、殘缺化的不滿，人們要求教育必須關注『全人的發展』與『更完整的學習』」。

一九九二年起，美國社會在長期對公立學校不滿、要求教育選擇的壓力下，政府推動了公辦民營特許學校制度（charter school）。美國的華德福學校因此開始從私立學校跨入公立學校，目前全美有四十四所公辦民營特許華德福學校，聚集在西岸為主。

英國教育與技能部在二〇〇五年曾發表一份研究報告，其中建議公立學校可向華德福教育學習。這包括了：及早引進及學習外國語的方法、統整的教學法、重視口語發展、強調節奏、課程步調良好、所有課程設計都依據孩童

（攝影／黃建賓）

發展、引進藝術與創意的教學法等。

二〇〇八年，史丹佛大學博士歐伯曼（Ida Oberman）在美國知名教育期刊《遇見》（Encounter）發表了加州公立學校的長期研究報告「向華德福學校學習」。研究發現，華德福學校小二學生語文和數學平均成績低於公立學校學生，但到八年級，華德福學校學生在相同科目表現就超越公立學校學生。「華德福學生從小在一個友善環境中學習，對知識的熱愛逐漸被啟發，年紀漸長，自然看到孩子的成長，」歐伯曼說。

二〇一一年十月，美國《紐約時報》週日版頭版報導，美國科技公司高級主管紛紛把孩子送到華德福學校的趨勢。這篇標題〈一所不教電腦的矽谷學校〉引起關心教育的全球父母關注。「華德福」似乎成為不滿現有教育體系的家長，另一種選擇的代表。

華德福成長凸顯對改革的渴求

近二十年來，亞洲的華德福學校成長速度最快。台灣華德福學校的發展，也同步在一九九四年教改運動後萌芽。多數的華德福學校，都是跟著學生的成長，「邊走邊蓋」。一九九五年，台中市磊川華德福實驗學校校長林玉珠在台中，從娃得福幼兒園一路往國小、國中延伸，二〇一四年磊川實驗學校將招收高中生。台灣規模最大、最完整的宜蘭縣慈心華德福學校，一九九九年創校時只有五位學生，短短十三年，從小學辦到高中部，全校現在有五八三位學生。前年起，小一新生更從兩班增為三班，這學年仍有二六二位學生排不到名額，等著「候補」轉學。

因為對華德福趨之若鶩，宜蘭縣冬山鄉近十年，從外縣市移入定居就讀慈心華德福的家庭，學校估計有三千戶，讓冬山鄉在宜蘭縣多出一席縣議員。「慈心華德福學校做到讓城鄉翻轉，」從台北市大直移民宜蘭的家長會會長陳建廷說。

台中市磊川華德福學校，以非學校型態實驗機構成立，在現行法規中，每一個年級最多只能收二十五位學生。現在，每年小一申請入學生名額是招生人數的兩倍。

桃園縣與雲林縣，這幾年也紛紛開始成立公辦公營的華德福學校，其他縣市也有如百花齊放，由家長推動教育局處辦學。公辦公營的華德福學校幾乎校校額滿，吸引許多外縣市父母衝著「華德福」不惜島內移民。現在，學校都還必須以孩子入籍先後和家長研習積分等條件，設立不同的入學比序條件。

全球華德福學校蓬勃發展，背後是對公立學校教育改革的強烈呼聲。

「把華德福學校引進公立體系是教育改革的起步。我們正在重新改寫教育主管機關對『教學』還有『成功』的定義，」加州一所新成立的華德福高中校長阿列山祖，接受美國喬治魯卡斯教育基金會採訪時說。

對照公立學校發展，華德福教育不論對待學生和對待老師都有獨到的哲學。

華德福教育啟示1　重點不是課程，而是「全人」

華德福教育中心思想根植於魯道夫·史坦納博士（Rudolf Steiner）的「人智學」（Anthroposophie）。「人智學」將人類生命本質歸結於身體、心靈與精神三種層次的結合。華德福教育的核心價值，就是要「照顧身心靈，培養完整的人」。華德福教育相信，每個人都有自己的使命與任務。教育的目的，不是為了國家培養「人才」，也不是為了滿足父母的願望和期許；而是透過教育的歷程，幫助個人「發展他自己、完成自己的使命」。

史坦納建構了「七年發展論」，華德福教育的課程，就是按著孩子不同成長歷程的需要，給予不同重點的啟發。因為尊重每個人都是獨特的「個體」，為了要凝聚並等待孩子內在生命的能量，華德福的中小學不強調競爭，沒有分分計較的考試、也沒有反覆練習的回家功課。

連數學課都充滿色彩

華德福教育在任何課程都是「整合性」教學，透過手與腦的結合、音樂、藝術和各種表達融入，讓學生從小「活生生的體驗」真實知識。

譬如，學分數的時候，老師烤披薩讓學生實際看到「1/4、1/8」。教度量衡的時候，要學生用自己的手臂量學校圍牆的長度。每個華德福的孩子都要學木工、打毛線，織完毛衣的孩子就明白什麼是「面積」、造完房子的孩子就能明白「測量」……

十四歲之後的課程，則透過大量的專題引導青春期的孩子「思考」，例如七年級正值叛逆風暴，課程就開始辯論法國大革命……

把華德福引進公立學校體系是改革的起步，重寫教育主管機關對「教學」與「成功」的定義。

華德福學校的教室風景，就是不一樣。

早上十點下課時間，宜蘭縣慈心華德福小學四年級教室，桌上散落色鉛筆和蠟磚。學生亞傑正交錯用粗粗的粉紅色、紫色和綠色鉛筆，畫出「四分之三」和「一又四分之一」的圖形，然後寫下筆記：「¾ <1 ¼」，連數學課都充滿了顏色。

相較於一般公立學校教學的核心是「課程」和「進度」，華德福則更重視教「人」。

當華德福學校四年級的學生還在慢慢用色鉛筆製作自己的數學筆記，透過具體圖形理解分數大小和比較的同時，一般公立小學三年級，早已學完同分母和異分母的分數加減，可以在四十分鐘內解完二十題的計算。

台中的磊川華德福學校開學後兩週，發給家長的通訊寫著「二年級的孩子，這兩週學到的國字有『共、大、下、去』……」當這些孩子還在用尋寶的方式「發現」新字時，根據九年一貫課綱，公立國小二年級孩子的識字量，已達七百到八百字。

華德福教育不怕「慢」和「落後」。他們相信，給孩子足夠時間和空間，尊重孩子的發展，給予適當的啟發，才會讓孩子長出健康的自我。

華德福教育啟示 2　用藝術滋養意志力，學習好有趣

「好美，你看到就會愛上。大家不知道什麼是華德福，但就是想要。」二〇一二年到台中市磊川華德福為老師上課的資深華德福藝術老師桂弗（Christopher Guilfoil），二十多年前正值人生低潮。走在灰暗紐約街頭，抬頭一看，只有一間建築物有黃色的太陽花盛開，彎進學校看到學生表演的戲劇，他感動流下眼淚，從此改變人生。

打開華德福小學生的書包，裡面有純毛線織成色彩斑斕的直笛袋、手工縫成質感溫潤的色鉛筆和蠟磚筆袋，和一本一本親手繪製的工作課本。教室木門上，整整齊齊的釘子，掛滿一條條色彩繽紛的棉質抹布，隨風起舞。色彩和美感，生活中無所不在。

二〇〇五年英國教育部委託布里斯托大學訪問全英二十二所華德福學校，結論建議英國公立學校要跟華德福學校學習的特色之一，就是藝術和創意教學。

史坦納一九一九年在給老師的演講中強調：「藝術在本性上具有某種東西，不單只給人一次感動，而是反覆給他新鮮的喜悅。因此，我們在教育中必須做的事是緊密的與藝術元素結合。

（攝影／黃建賓）

藝術對於孩子的意志發展具有特殊作用。第一點因為練習有賴於重複；第二點是因為孩子以藝術的方式學得的東西每次都會賦予他新鮮的喜悅感。這份藝術之樂，每一次都會得到享受，而不是在第一次。」

攤開華德福學校的課表，也會明顯看到藝術、表達類課程的佔比，遠高於傳統公立學校。早上的主課程都會融入藝術，譬如用畫畫或是表演來教導。小學階段，下午的課則幾乎都是手工、水彩、合唱、音樂、泥塑。單從功課表分析，大約一半以上的「課程」都是藝術課。

不只透過藝術課程和藝術元素融入教學，老師也把自己當藝術家，每一堂課程都是一場創作和演出。

華德福學校沒有課本。每間教室牆上都有如木櫃可以打開封面的黑板，這是老師創作教科書的舞台。每天孩子下課以後，老師會留在教室完成黑板畫，封面是三週一循環的主題；打開封面，裡面就是每天教學的新素材。老師都會在完成黑板課本之後，把黑板關好，謹慎的扣上。每天開始上課，打開黑板「發現」今天主課程的新東西，是孩子最大的期待。有的低年級老師也會在封面上每天做一些小小的變化，讓孩子細細的觀察和發現。

華德福教育啟示 3　老師必須保持想像力生機勃勃

要完成華德福教育的理想，關鍵核心是老師；也因此，在師資沒有準備好就貿然投入，是家長和學生很大的風險。華德福的課程沒有課本，以三週一循環的主題方式來進行主課程教學。老師上主課程時必須思考適合學生的教材和教法，是引導學習的靈魂人物。史坦納博士指出「老師」角色的精髓：「老師必須讓他所有科目都活活潑潑的，浸染在想像之中。除非能不斷致力於把想像導入他所有的教學，否則沒有人能當一名好的中小學老師；他必須每次都重編他的教材，保持新鮮。以想像創造出來的東西，如果幾年後又以一模一樣的形式教授，這是心智的凍結。這也透露出老師自己必須是個怎麼樣的人：他必須在其生活中沒有一刻是苦悶的。老師教學上有某種內在道德和義務，有一個『無上命令』：保持你的想像力生機勃勃。」

磊川華德福學校邀請資深美國籍老師桂弗來為老師上課，扎扎實實連續三週。每天上午桂弗分兩批為全校老師進行兩小時的小型工作坊。下午桂弗進入不同的教室觀課，接著進行觀察的分享和討論。

桂弗在第一堂課用荷蘭畫家林布蘭的一張簡單街頭素描，帶領老師們從藝術品中抽絲剝繭，瞭解作者思緒裡關於完整性和部分性思考的成形過程。

台大城鄉所畢業的蕭志暉，在寫碩士論文時接觸另類教育，畢業後，加入慈心幼兒園成為第一位協助轉型成華德福學校的老師，現在在台北市史代納學校擔任老師。他形容：「華德福老師需要不斷的被鍛鍊。」這鍛鍊包含課程上的求新和不斷學習新事物，也包含適應微薄的薪水和素樸的生活。

老師必須透過人與人的互動深刻認識孩子，因此史坦納認為老師可以取代考試。史坦納說：「身為老師，必須覺得有責任自問：『到底為什麼孩子應該經過考試呢？他總是在我面前，而我很了解他知道什麼、又不知道什麼。』」

華德福教育啟示 4　推動一個「自治」的學校

華德福教育的目的是為了培養自由獨立的全人。因此，華德福學校普遍相信，唯

老師上課時必須思考適合學生的教材與教法，
必須每次重編教材、保持新鮮。
若幾年後又以一模一樣的形式教授，這是心智的凍結。

有「自治」的學校才能自由成長。華德福學校的治理採取「合議制」，不以傳統學校的「校長」為主要管理者。透過自治和共治的運作，協助學校的發展，並且給老師最大的發展空間。

教育部長蔣偉寧二〇一一年訪問慈心華德福學校時，很驚訝新任校長林詩閔才三十一歲。一頭長長直髮的她，因為沒有經歷過「校長遴選」、「候用校長」行政程序，在教育處的公文裡是「代理校長」。

二〇一二年八月一日接校長的她解釋：「因為我剛帶完九年級，教學上到一個段落。因此在學校這個發展階段，剛好可以擔任校長，負責對外聯絡和所有行政工作。但是，我最享受的還是當老師。」

慈心華德福學校主要的發展決策由校長、教師會主席和負責經營的人智學基金會三方共同決議。國外歷史更悠久的許多華德福學校更多是採用資深老師共同治校。因為「自治」，是華德福學校可以維持教學創意和教師自主的關鍵。

相對而言，官僚化的公營學校體制，很可能讓華德福學校理念受限甚至變形。譬如，台灣的公立國中小校長都面臨任期限制，每三到四年必須遴選。為了能順利遴選到心目中的理想學校，校長們必須在地方教育局處希望達成的政策任務和學校經營的願景中取得平衡。過程中，就很可能影響學校是否能原汁原味推動華德福教育。這也是目前台灣「公辦公營」華德福學校遭遇的困難。

華德福教育啟示5　學校、老師和家長凝聚成強大社群

在宜蘭縣慈心華德福學校周遭有許多的建案都以「慈心」或是「華德福」為名。華德福學校家長，都是因為認同學校理念而來。家長和學校甚至與宜蘭大學合作，舉辦一場宜蘭縣多元教育和家

長社群產業的研討會，希望可以讓大家看到辦一個好學校，聚集相同理念的家庭，有可能促進城鄉均衡發展，甚至是翻轉城鄉發展的一條路徑。

台中的磊川華德福在幾年前學校租約到期時，也是所有家長力量匯集，預繳學費，出錢出力一起協助學校搬家和整理新學校。

這種理念學校，學校、老師和家長社群的互動密切，凝聚很大的改革力量。

有自己的教育哲學和細膩的學習方式，華德福教育有如精緻手工業，很難被大量複製。但華德福帶進了一種教育的新可能。面對這群願意當做教改前鋒，把自己孩子送進「實驗學校」的家長和

為什麼需要華德福？

政大教育學院教授馮朝霖：「教育選擇權」是人民的基本人權

整理／秦嘉彌

華德福教育在台灣的發展，始終未以正常的速度成長。政府對教育政策還是以保守的「防弊」心態看待所有的另類教育。為什麼台灣需要有華德福？《親子天下》專訪長期研究另類教育的政大教育學院教授馮朝霖，點明台灣「另類教育」長期邊緣化的根本病灶。

另類學校和另類教育，就像是教育的「反對黨」，它其實是人民的基本人權，也可以說是滿足人民多元需求的「選擇權」。

二十世紀初另類學校的出現，都是因為當時學校的病態化、殘缺化，因應人們要求「更完整的學習」而產生。

台灣的教育一直處於生病的狀態，相對於另類教育強調的「全人」價值觀，正式體系裡培養出太多「不全」的殘缺：只發展左腦不發展右腦，只有知識沒有其他的培養等。儘管在政治上，台灣的體制已從威權過渡到民主，但教育思想和制度卻沒有跟著一起改變。

台灣教改最核心的問題就是整個政府和國家機器對於教育事務的角色，沒有隨著民主化而改變；從中央到地方政府還是把教育看成它的一種權力，好像政府做什麼人們就該去接受，而沒有認真看待人民的「教育選擇權」。

在體制內修修補補，教改就會原地打轉

教育的思維，已經從過去的「義務教育」時代，過渡到「基本權利」，這是一個重要的轉變。過去受義務教育是政府給人民的一個「好處」。但就像經濟繁榮了，大家有錢了，不會只有一家百貨公司、一個品牌滿足他的需要。政治體制轉變為民主，教育也該從威權時代的義務教育觀，轉變為「人民做主」的「基本權利」觀。政府應該要提供人民不一樣的多元選擇，人民也應該有機會主動爭取他所想要的教育面貌。

這也是為什麼華德福能在全球快速成長了一千多所學校。加拿大、芬蘭、德國等先進國家，也陸續將華德福吸納為正式教育體系的一個支流，給予實質的經費資助，提供多元辦學的健全法治環境。目的就是希望要提供給每一個人都能負擔得起的「選擇」。

為什麼華德福學校的存在如此重要？是因為如果沒有健全的環境，讓另類學校得以生存發展，教育選擇的機會那麼有限和單一，民主就不算真正落實，教育也沒有任何「不一樣」的可能。如果不把教育選擇的權利當一回事，教改永遠就只會是在體制內的修修補補。台灣教育永遠就只能原地打轉。(採訪／何琦瑜、張瀞文、秦嘉彌)

老師，社會應該提供一個更友善的平台，讓未來多元的教育可以更順利往前走。

華德福教育，正如所有的另類教育，在台灣若要能健全的發展，仍有許多瓶頸和挑戰必須克服：

挑戰一　缺乏法律基礎建設

「台灣關於另類學校發展的法律有如『緊身衣』，大家把另類教育看得很負面，」台南大學教育學系講座教授陳伯璋觀察。陳伯璋在國家教育研究院籌備處主任任內，大力推動另類教育發展。

實驗教育的法源基礎在《國民教育法》第四條：「……為保障學生學習權及家長教育選擇權，國民教育階段得辦理非學校型態實驗教育……」台北教育大學文教法律研究所教授周志宏分析，目前有兩大法律的限制讓台灣實驗教育發展受到箝制。

一是關於銜接的法源。《國民教育法》只涵蓋國中小，但是高中部分，高級中學法並沒有關於實驗教育相關規定，因此隨著接受實驗教育的孩子一年年長大，升高中銜接上遇到很大問題。

第二個法律架構困境是中央法律綑綁地方。國民教育是中央等級的法律，但是實驗教育的實施細則，則授權地方政府。因此，地方政府訂定的實驗教育法不能「踰越」中央母法，譬如，關於校長遴選制度和校長任期等相關規定都沒有彈性。

在法源欠缺和綑綁下，目前台灣的華德福教育，在公立學校推動有很大的挑戰。較不受法律限制以非學校型態機構自學存在的私立學校則學費昂貴，只有少數家長有能力選擇。也就是說教育選擇權，只能屬於少數精英父母。

台中市磊川華德福一學期的學費小學是八萬五千元，中學則是九萬。台北市的史代納學校，因為種種成本高昂，教室只是在植物園旁邊租了一間三十多坪一樓公寓，學生一學期要繳納的學費也是八至九萬不等。

挑戰二　欠缺認證系統

華德福學校從另類教育出發，並沒有一個全球性或是全國性的認證系統。也就是說只要學校說自己是「華德福」，就可以掛招牌。家長應該透過更多的參與來認識學校，理解對於教育的期待，絕對不是把孩子送進任何華德福學校就可以教出理想中的樣貌。

面對愈來愈多元的社會，我們希望孩子長得不同，就應該要鼓勵和容許「學校」也有不同樣貌。華德福教育的快速成長，代表著家長對於多元選擇的渴望。

愈來愈多父母寧願千里迢迢把孩子送進「實驗」中的華德福學校，而不選家裡附近的公立學校。面對這樣的趨勢，教育主管機關和公立學校都更應該加快變革的腳步。不論是吸納另類教育的優點，進而改造主流教育，或是提供更多元的選擇，才能讓教育有真正「不一樣」的可能。

不一樣的學校2

自學2.0，啟動庶民教改

文／張瀞文・陳雅慧

當許多學生每天背著書包上學去，二〇一三年在台北市卻有四百四十個小孩選擇「不上學，在家自學或是團體共學。他們為什麼要「在家自學」？「在家自學」需要什麼條件？

早晨，當心理諮商師楊文麗起床時，一雙兒女早已出門游泳。待孩子回家，全家人吃完早餐，姊弟倆會用半小時規劃一天時間表，上午以學科學習為主，下午則安排專題、社團、寫作、練琴等有興趣的才藝。

一開始，就讓孩子自己規劃每天的時間，使楊文麗在家自學進行得很順利。每學期的課程，她和孩子討論後，以甘特圖呈現；至於每天的執行，她則扮演協助者的角色。和孩子討論完當天時間表後，她甚至可以出門開會、接案。「我沒有因此放掉自己的工作，只是改為週末工作。可是孩子自學，我的工作與生活更能結合，心情也更平靜，」楊文麗說。

＊　＊　＊

星期二，是「童心在家教育共學小組」一週一天的共學日。靈魂人物金聿琳正在為國小中、高年級的五位自學孩子介紹達文西，因為他們隔天要去看「達文西特展」。

金聿琳有三個孩子，從老大三歲開始，她便每週固定時間和一群全職家長聚會、共學。每個家庭雖有不同學習主軸，但是每年寒暑假，家長們會將需要團體學習的課程提出來討論，規劃下學期共學課程。十多年來，這群家長的孩子都沒去過學校，他們自己當老師，看著彼此的孩子長大，像名作家曾陽晴既是自學家長，也是「童心」共學小組的文學課教師。

＊　＊　＊

呂侑庭從國中開始在家自學，國中自學時她就參加劇團，透過網路找到一群對戲劇有興趣的自學生，組成了「自學生戲劇社」。國中三年自學，讓侑庭和爸爸呂學勇每個月都有一次大旅行，足跡踏遍了台灣每個角落。自學也使得喜愛創作的侑庭有時間寫作，到高一，她已經完成六篇小說。目前持續創作中，期待可以成為一個作家。

像楊文麗、金聿琳、呂學勇這樣的父母愈來愈多。根據教育部的統計，十年前選擇「不上學　在家自學或是團體自學的學生數只有三百多人，但是到二〇一三年全台灣自學人數已經成長超過六倍，總計超過兩千兩百多人選擇走另外一條學習的路。這些家庭向教育體制說「No」，以一種緩和、溫柔、涓涓細流的力量進行改革，他們改變生活、改變教育方式，嘗試教育的各種可能。

在家自學，走向 2.0 世代

國內在家自學的歷史很短。十二年前，因為家長的爭取，台北市首次開辦在家自學。

早期，多數自學生是因為不得已才從學校體制「出走」——他們可能無法適應學校體制，可能因為過動、亞斯伯格等有特殊教育需求，可能因為宗教價值理念需要另闢教育方式。

近幾年來，在家自學走入另一個階段。「自學2.0」的孩子，多數在校適應良好，也沒有特殊宗教信仰。家長將孩子帶離學校不是因為學校不好，是因為他們有自己的教育理念，希望「選擇」更適性的教育，為孩子量身打造多元的學習環境。

師大音樂系畢業，曾任中學音樂老師的金聿琳，深感原生家庭對孩子的影響，孩子出生即辭去工作自己帶。認識在家自學之後，「不是發現體制教育好或不好，而是我會去想『什麼是真正的教育』。我認為真正的教育，必須回到家庭來思考。」於是到了學齡，「在家自學」成為水到渠成的選擇。這些人，改變的不僅是孩子的學習方式，更是家庭的生活型態。

團結力量大，爭取自學權

一九九四年，四一〇教改催生了「教育基本法」，合法保障家長為孩子選擇教育方式的權利。即使這十多年的教改是成是敗，看法兩極，但至少鬆動了過去一元的、崇尚標準答案的價值。社會逐漸開放、對多元價值的接受，相較十年前在家自學拓荒世代，現在做自學的大環境友善多了。

網路的便利，改變了學習方式。教師不再是知識的權威，學校也不再是唯一的學習殿堂，這促使在家自學變得容易。

網路也讓自學家庭便於社群連結。由保障教育選擇聯盟召集人陳怡光發起的 second Thursday 聚會，每個月都有自學家庭的共遊，從三個家庭開始，不到兩年的時間，已經有三百多個家庭加入。自學媽媽吳淑敏和陳佩珠，找到不錯的老師要為孩子上課，也是上網號召就額滿。還有教材分享、孩子的學習問題、家長的自我成長等，都是網路討論區常常看見的話題。

資訊流通使自學家庭容易看見彼此，也使自學2.0世代不會只「在家」學習。他們連結社群，組共學團體，定期聚會或上課，解決了一般人認為自學過於閉門造車、孩子沒有群性的質疑。

這一代的自學家庭也不甘於邊陲化，他們勇於表達立場，從立法下手，爭取更大的自學空間。

自學的孩子逐漸長大，小學國中和高中的銜接，一直是自學家庭最大的辛苦。透過自主學習促進會、慕真在家教育協會、保障教育選擇聯盟等團體的爭取，教育部修法讓國中小申請在家自學的孩子，不必等到二十歲，十八歲即可以報考同高中學歷鑑定。「這打通了自學的『任督』兩脈，過去自學最擔心到大學一關的耽擱，但是現在大石頭搬走了，」宜蘭清水小校創校老師劉興樑說。清水小校是剛成立的中學自學團體，是法令鬆綁後新興的中學自學團體之一。

十二年國教上路後，進入「大免試時

（攝影／黃建賓）

▲ 保障教育選擇權召集人陳怡光（左一），兒女均在家自學。他同時也是號召自學家庭定期聚會的發起人，自學讓他們全家更快樂緊密。

代」，愈來愈多人重新思考學習的意義，和體制教育教給學生的知識是否是最適合自己的孩子？

在這樣的氣氛下，選擇不上學，加入自學、共學和實驗教育，「多元教育」、「教育選擇權」的意識和概念逐漸形成中。二〇一三年實驗教育三法在立法院進行一讀審查，讓自學實驗教育可以更容易的相關法制基礎，積極遊說的家長和相關學者都希望可以透過立法，讓另類教育有進入主流的可能。

教育實驗，改變的力量

即使大環境已經相對友善，選擇在家自學一途，還是免不了遭受異樣眼光與重重困難。

對大部分自學父母來說，最困難的不是安排課程，而是在選了一條人煙罕至的學習之路後，如何向身處康莊大道的鄰居、親友們，說明你走的是條什麼樣的路？風光如何？

在現實面，在家自學需要父母投入時間與費用，並非想就有條件做。就算目前在家自學的家庭組成比想像多元，有學校老師、單親爸爸、高職畢業的媽媽等，打破自學是「高社經高學歷」家庭專利的刻板印象，但仍有不少家庭投入自學之後又中途折返。

有五個小孩在家自學的媽媽楊麗主，一度因為經濟因素返回職場，孩子也回校就讀。那一年，孩子學習沒有問題，辛苦的是同學的眼光：「你那麼屌、那麼特別，可以想不上課就不上！」

有更多的家庭在升國中時結束自學，高中升學管道不順暢，父母擔心不送孩子回校，會像大家說的「葬送孩子一生幸福」。當然，也有孩子根本不喜歡在家自學，要求返校等。

選擇在家自學，不僅是替孩子改變學習模式，而是翻轉家庭的生活型態。夫妻共識、親子關係、孩子的意願都是自學是否成功的關鍵。

陳怡光提醒，「在家自學」應該是主動的選擇，是多元選擇中的一項，而非解決問題的方式。例如父母期望自學後，親子更多的相處互動可以改善原本疏離的親子關係，但是在親子關係不佳的情況下轉自學，反而有更多的摩擦。沒有回到教育本質去選擇，就有可能為了解決問題而製造更多問題。

中華民國中小學校長協會理事長、現任龍埔高中校長的薛春光，在談到教育未來的趨勢時，指出目前台灣自學團體可能是改變的重要力量。

在教育界三十多年的他認為，傳統的教育界必須慎重反省，為什麼這些家長做了這麼極端的選擇？「他們等於對整個教育體制說『No』，這股力量雖然很小，以後會不會愈來愈有影響力，非常值得觀察。」

做為「教育實驗」的一環，「在家自學」以少少的人實踐不同模式的「教育實驗」。這些家長期許，他們在教育上嘗試的不同作為，可以發現教育其他可能性，帶給學校教育不同的反思。

Part. III

未來的孩子

我們的孩子，到底該學些什麼？

我們現在積極幫孩子準備的工作能力，
可能等到他們二十五歲時，
工作已經消失了……

摘自英國創意、文化與教育中心執行長
保羅．寇拉（Paul Collard）接受《親子天下》專訪內容

攝影／侯煥世

呵護孩子的嚮往

編者的話

文／何琦瑜

這幾年，媒體經常報導許多關於大學生的批評。舉幾個我印象深刻的例子：有位教授說現在的大學生上課就像「人形墓碑」，老師像對著牆壁在講課。又如，有位老師統整出大學生常見的十大通病，最普遍的是「空白人」：書沒念好、玩沒玩到、朋友不多、人生沒有目標，只求學分拿到過關就好。

類似的抱怨不勝枚舉，卻總是很能「搏版面」。而我個人好奇的是，「人型墓碑」和「空白人」，是怎麼養成的呢？大概不應該假設這一代年輕人天生就比較壞，比上一代不積極進取；而是應該問，如果這是普遍現象，誰應該負責任呢？養成這些大學生從小到大的教育體系，哪一端出了問題？

這個社會充滿了「孩子應該學些什麼」的討論與焦慮。因為害怕輸在起跑點、害怕缺乏競爭力，我們總是不斷提前、搶先、重複的加深孩子們的各項學習。《親子天下》曾經調查中小學生的「時間表」，三分之一的孩子，週一到週五，平均「每天」待在安親班或補習班的時間超過三小時。

換句話說，早上八點到晚上八點，都是被動的接受別人安排的學習活動。從小沒有機會和時間，嘗試探索自己的好奇與選擇，怎麼能期待他長大會自動變成「主動有回應」的學習者？

在學校現場，隨著社會的高度複雜化，舉凡有任何新議題，政府就動員最順服的中小學「置入」課程：從海洋教育到環境保護，從食品安全到狂犬病……

弔詭的是，學習資源愈來愈多，時間愈來愈長，但孩子們主動學習的意願和動機、目的感卻愈來愈薄弱。PISA的國際評比也一再顯示，教育學力愈高的國家，授課時數相對較少；反而是開發中國家，授課時數愈加愈多。

我個人揣測，這背後反映了一種偏見和不信任感：我們不相信孩子們對世界有興趣，不相信他們有能力、也有意願主動學習。學習的主導權和責任，因而落在成人的身上。我們用盡所有資源，要把知識像灌腸一樣塞滿孩子的大腦和時間表，造成一整代對學習反胃的受教者。

這是一個如此狂熱的關心學習和教育的國度，但我們對於學習歷程的理解卻如此稀少。

十二年國教政策，將帶領台灣進入「大免試時代」。不難預期，在少子化的推波助瀾下，未來超過五成的孩子不需要考試就可以念到公立高中職。「為什麼要認真讀書？好好上課？」成為學校、教師、父母、學生，都必須探索的大哉問。過去「好好唸書」＝「考試考高分」＝「考上好學校」＝「好工作」＋「幸福人生」，這樣單純有保證的成功方程式，在大學錄取率近百分之百，每年有幾千名流浪博士找不到工作、學歷通貨膨脹時代，再也無法構成強大的「外在動機」。學校和家庭，都必須重新建構孩子們「內在動機」。

談起教育，成人們很習慣訴說「該教些什麼」，總覺得孩子需要被「餵養」。我們很少探索受教者的心靈，從學習者的角度，探討什麼樣的教育、教學、教師，什麼樣的環境、課程、內容，或是學校之外的、家庭的教養……能激發受教者的學習動機，像在暗室中看見光，誘發他一生主動追尋知識的嚮往，啟動他熱衷學習的引擎、奠立他的價值觀、責任感與正向的自我認識。

《親子天下》曾報導英國的教育改革。創意文化與教育中心執行長保羅・寇拉特別強調，未來的工作，有六成還沒有「被發明」。孩子需要具備的是「自己創造工作、創造前途」的能力。因此，政府投入十四億台幣的預算，和學校共同合作，已累積超過八千個「創造力教育」計畫。寇拉特別提到，要激發孩子的學習動機，有三個非常重要的關鍵字：Engage（參與、投入、主導學習的過程）、Interest（發現學習的樂趣）、Confidence（建立學習的自信）。

更重要的認識是，真正能永續的「動機感」，不是短期特效藥：老師上課男扮女裝、講笑話；父母給獎金獎品，都是稍縱即逝的「紅蘿蔔」。美國史丹福大學教授威廉・戴蒙，是研究青少年發展和品格教育最傑出的學者之一。他發現這一代年輕人普遍的「漂浮感」，來自缺乏「長期的生命目標」；而目的感，才是動機最有力量、最持久的根源。有目的感的孩子，都能有高度動機，會自動自發的學習，也展現少見的務實效率。

「對目的的追求，可以主宰一個人的一生，它不只賦予人生意義與快樂，也賦予了人生學習與追求成就的動機。目的在順境時帶給人喜悅，在逆境的時候，帶給人復原力。」威廉・戴蒙在《邁向目地之路》一書中特別強調，有意義的目標，才能讓動機生生不息，非常值得所有教育者參考。

學習動機是學習的起步，也是成敗的關鍵。但動機關乎什麼？如何誘發？需要哪些環境和前提條件？對多數教師和家長來說，卻是陌生的黑箱子。

釋放學習的責任感和主導權，呵護並滋養孩子們的「嚮往」，相信他做得到，或許是關心動機的家長和老師們，應該先有的心態轉型。

趨勢觀念

六把鑰匙，開啟學習動機

文／林韋萱

「好話都講了、該給的也都給了，為什麼這孩子就是不念書……」這是多數親師的煩惱，卻也透露了幾個迷思。別擔心，破除迷思用對方法，好奇寶寶自然會回來！

過去的年代，讀書就是為了要通過升學考試、取得好學校的門票，「動機」是個不需要討論的子題。家長和老師只要拿起「升學」的目標，就堵住了孩子「所為何來」的疑惑。

十二年國教的大免試時代，當超過五成的孩子不需要考試就可以讀到附近的高中職，「為什麼要好好讀書？」「為什麼要認真上課？」就成了必須探索的大哉問。學習的動機，也必須從外在升學的誘因或威脅，轉化為內在的熱情和興趣。

搞懂四向度，解開驅動程式之謎

成人們總是希望孩子能自動自發愛學習。研究也顯示，學習動機是學習成敗的關鍵，動機強大的孩子，較懂得利用有效率的學習策略，能有較長時間記憶已經學過的內容，擁有學習的正向循環。

問題是，「動機」就像一只黑盒子，點燃動機之火的驅動程式到底是什麼？家庭和學校，該如何採取行動？家長和老師對動機的期許甚高，但了解卻甚少。

清華大學師資培育中心副教授劉政宏，是「動機心理學」專家，他解釋「動機就是引起並且維持個體持續做一件事情的力量」。拆解定義後，發現有兩個階段：一個是引起，一個是維持。當孩子面對一個任務，在他腦子會經過四個向度的評估，再來決定花多少力氣做這件事。這四個向度就是：

1 **價值**：做這件事情「有沒有用？」「重不重要？」

2 **預期**：去做的話「我會成功嗎？成功機率有多高？」如果成功率太低，就算這件事很重要，也不一定會去做。當然，這種預期也和每個人的個性息息相關，例如從小飽受批評責罵的孩子，就較容易有偏低的成功預期。

3 **情感**：做這件事情「好不好玩？」「愉不愉快？」等情感上的考量。很多人認為強調學習很有趣，會有助學習。劉政宏認為方向是對的，但學習本來就有不快樂、充滿挫折的一面，如果只靠著快樂來驅動學習，恐怕效果不夠恆久。

4 **執行意志**：就是「我有沒有辦法控制自己去做該做的事情，而且把事情做完、做好？」的意志力和責任感。當兩件事同時到來且互相衝突時，比方說覺得念書很重要，但打電動比較好玩，就要靠執行意志來戰勝電動的誘惑了。很多戒菸失敗的人，都是缺乏執行意志。

前三點，都是屬於「引起」學習動機的方法，但執行意志能讓動機及學習行為「維持」下去。

劉政宏採用「國小學習動機量表」研究了四百八十位國小學童後，發現了有趣的現象：大部分國小學童都知道念書很重要，也普遍認為自己有能力可以辦得到。因此，真正影響學習行為積極與否的因素是「情感」以及「執行意志」。

這下子，學校和家庭的任務就很清楚了。對教育工作者來說，想辦法提升孩子對某個科目的「情感」：讓這門課變得好玩，或是做個讓孩子願意為之奮戰的老師，都是可行的方式。

然而，不是每個孩子都那麼好運，可以永遠遇到有趣的課程和值得奮戰的老師，這時候「執行意志」就要出面督促。畢竟，學習不見得都是快樂的，當面對不有趣的任務，以及其他誘惑時，擁有執行意志的人，還是可以努力把任務達成。

作家蘇珊·溫柏倫納（Susan Winebrenner）說過：「我沒遇過一個不想做自己工作的學生，但我遇過一堆人不願意做你指派的工作。」如果不想再又吼又叫的逼迫孩子做這些事情，最好的方法是：讓他們認為這是他自己想做的。

如何讓孩子樂在學習？如何讓孩子求知若渴？談到激發孩子的學習動機，學校很關鍵，但家庭的角色更是根本。有了父母充分的愛與陪伴，將使孩子更勇敢；設立剛剛好的挑戰目標，讓他們更願意投入……家庭和學校都能運用以下這六把鑰匙，開啟孩子的學習動機。

守則一、愛、陪伴，與支持

——充滿愛的家庭，會給孩子很大的安全感，讓他勇於面對各種挑戰。

在美國引起教育界諸多討論的《孩子如何成功》一書，作者試圖綜整近十年來教育、心理相關領域的科學研究，尋找讓孩子成功的教養關鍵或教育法則。書中引用了加拿大神

我沒遇過一個不想做自己工作的學生，
但我遇過一堆人不願意做你指派的工作。

經學家麥克．米尼（Michael Meaney）的實驗：被鼠媽媽不斷舔舐的小老鼠，闖迷宮的表現優於沒有被舔舐的那一組小老鼠。後來他解剖了這些老鼠，發現這樣的舔舐改變了小鼠的大腦，讓牠們更活潑、更具控制壓力的能力。

父母對孩子的親吻、擁抱、微笑也會影響著孩子的性格與成就。父母不用擔心自己不是「百事通」就在學業上幫不了孩子，只要肯愛、肯陪伴、肯支持，對於孩子的性格與學習就有很大幫助。

一九九四年美國羅徹斯特大學調查了六百多位孩子，發現親子關係深切影響了孩子對學校課業的態度。研究發現，親子關係愈緊密，孩子會認為父母愈可靠，這給予孩子強大的安全感，也讓他們在學業上更有動機。這剛好符合《學習動機：決定孩子學習成敗的關鍵》作者伊旭塔．雷曼（Ischta Lehmann）所述：「一個充滿愛的家庭，如同鋪設著一張安全網，讓孩子可以在鋼索上學跳舞而不怕受傷。」

要提醒父母的是，有品質的陪伴不是「緊迫盯人」。台中市大元國小老師蘇明進特別提醒「要『陪』不要『盯』。陪伴，應該是一種溫柔、和諧的相處，充滿著爽朗的笑聲。」然而，陪伴，也不僅止於課業，任何孩子的興趣，父母都應該付出同樣的熱情來對待他們的熱情。

守則二、合理的高標準

——設定「適合孩子能力」的高標準，要求太苛或目標過低都不好。

關心「動機」的成人們，應該要認識「心流理論」：「心流」（flow）指的是做事時全心投入的感覺，白話的說，就是一種做事做到忘我的境界。這個詞是由著名的心理學家契克森米哈（Mihaly Csikszentmihalyi）所定名。契克森米哈訪問了全世界在各個領域表現傑出的人，藉此了解這些成功者的共通性是什麼？他發現，這些人在特質上沒有共通的因素，例如排行、有沒有貴人相助等；但是，這些人都表示，他們從小就會主動做一些事情，而且投入時會相當專注、渾然忘我。由於心流經驗會產生幸福感、滿足感，也就成了個體願意繼續投入的內在動機。

電玩遊戲就是運用心流理論最透徹的設計之一，當「心流」的經驗出現時，孩子既不感覺太吃力，也不感覺太容易，達到最理想的刺激狀態，這時他會埋首學習，忘記周遭的一切。所以孩子毋須大人催促，就有不斷闖關的欲望和勇氣。

政大教育學系教授詹志禹曾強調，孩子在學習上如果有心流經驗，就能學而不倦。而促發這種內在驅力的方式，就是要設立清楚的目標；行動後能夠立即回饋；並且讓挑戰的難度和能力間達到平衡。

但是對孩子客製化的高度期待，並不只

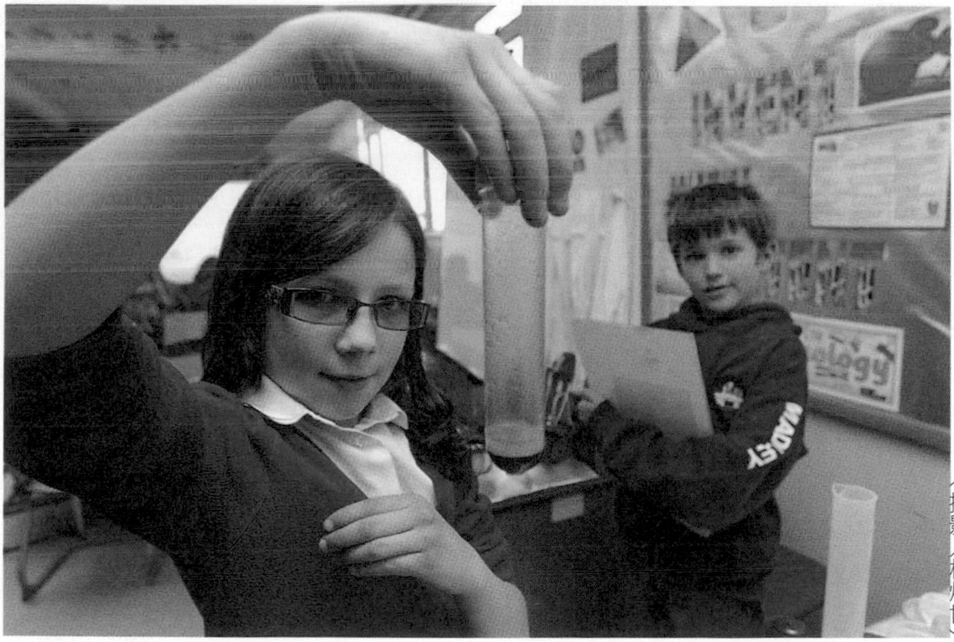

（攝影／楊煥世）

是「虎媽」式的要求：「如果你有能力拿一百分，為何要屈就於八十分？」光訂分數標準是不夠的，因為分數只能代表「表現目標」（performance goal），而無法完全反映「學習目標」（learning goal）。前者著重於「看起來」很聰明、「看起來」學得很好；後者則是著重在學習的過程，以及能力是否增強了。父母在陪孩子設定目標時，最好兼顧兩種目標。

研究也證實，過高的期待和壓力、不符合孩子能力的苛求，都會累積孩子「我做不到」的挫折，產生阻礙天生好奇心的恐懼感，讓動機煞車。

維持高期待，不代表要孩子一飛衝天。很多人在玩手機遊戲Candy Crush，就會發現遊戲設計者的計謀：一開始很簡單，讓人很有成就感。後來難度逐步提升，需要學得的技巧也愈來愈多，而讓人欲罷不能。它的難度絕不會三級跳，而是會奠基在之前已會的技能，讓玩家又學習新的技能。

很多老師、教材都希望把「心流理論」用在教學上。如果能設立剛剛好的挑戰，並且有清楚的目標，給予學生立即回饋，設計階段性的成長，那念書就可能像遊戲一樣讓孩子沉醉其中，學而不倦。

守則 三、真實的學習

——連結知識與生活，創造孩子參與主導的機會，以及解決問題的能力。

近年來歐美國家積極在學校導入「真實學習」（authentic learning），透過角色扮演、專題學習（project based learning）、個案研討、參與社區活動、創作成品等，讓學生的學習，結合真實生活的環境，會使傳授的知識更有意義。更重要的是，開放學生參與、主導、形

> 光訂分數標準是不夠的，
> 因為分數只能代表「表現目標」，
> 而無法完全反映「學習目標」。

成解決問題的能力，是燃起動機最有效率的學習方式。

台北市仁愛國中理化老師李美惠，就秉持著教學必須和生活緊密連結的精神。從來沒有學生問過她：「學理化要幹麼？」因為她總是把課程跟真實生活扣得很緊密。她和家政老師合開課，讓學生「煮火鍋、學理化」，也和童軍老師合開「反核？擁核？」辯論會。她同時也是兩個孩子的媽媽，廚房就是他們的實驗室。像是拿紫色高麗菜來做涼麵時，加蜂蜜醋，涼麵會變紅色；如果加小蘇打，涼麵就會變綠色。

不是只有當老師的父母們才有辦法這樣帶孩子。如果孩子在學氣象，讓他看天氣判斷今天該不該帶傘；如果在讀人物傳記，讓他聯想身邊認識的人是否有類似特質。在家裡養盆栽、養寵物，也是培養孩子觀察能力的方法，還能學著如何照顧別人。如果可以自己安排一趟旅程，更是結合閱讀資訊、評估預算、溝通協調等綜合能力的好時機。

守則 四、探索與放空的必要
——馬上知道答案就不好玩了！保持學生的好奇心，才會讓他們不斷探索。

台北市湖山國小老師黃敏惠，在教學生槓桿原理前，先發給每人一套工具，自行摸索距離和重量的關係。為了避免有補習而知道答案的孩子「破梗」，她還特闢了一間「密室」，讓發現其中奧妙的孩子偷偷的告訴老師答案。

已經知道結局的電影、已經知道輸贏的球賽，都讓人興致減損了一大半。學習也是一樣，馬上知道答案就不好玩了。保持學生的高度好奇，才會讓他們不斷思考、探索，這樣得來的答案，會記得特別深刻。如果孩子有問題，那更是培養求知習慣的好機會，告訴他們：「這問題好有趣，我也不知道答案，我們可以一起去問別人或是去圖書館查。」

有時候父母為了省時省事，什麼事情都想幫孩子搞定，這會剝奪了讓孩子自主學習的機會。

千萬不要說：「我自己來還比較快！」「我幫你跟老師講。」「這對你來說太難了。」這很容易養成孩子倚賴、退縮的個性。

一個學習動機強的孩子，也應該是個獨立自主的孩子。師長可以劃清自主的「界線」，在明確的目標下，給予孩子有限度的選擇。比方說，老師要求學生做報告，規定交作業時間和基本守則（像是不可抄襲等等），但是要什麼時候做、以什麼方式進行、要找那些人當組員、想研究什麼主題，都可試著讓孩子自己

（攝影／楊煥世）

決定。

守則 五、人際關係是動機的起點

——師生溝通無礙、老師的讚美多過責罵，學生會更信任老師，也更願意投入課業。

「啟動人類動機的最佳方式，就是其他人，」德國福萊保大學醫學系教授亞信．鮑爾，在《學習動機》一書中提醒，人類最重要的動機，是尋求關愛和成功的人際關係，「人際關係的一個前提，就是重視和被重視……，如果感覺被重視，就會形成動機。漠視是人際關係和動機的殺手……」

我們的教改常常忽略了「人際關係」上的改革。教育家麗塔．皮爾森（Rita Pierson）在ＴＥＤ的演講上提到：「孩子不會跟他們討厭的人學習！」如果學生不愛這個老師，老師的傳道、授業、解惑之路，也勢必困難重重。

美國維吉尼亞大學副教授莎拉．雷姆．考夫曼（Sara Rimm-Kaufman），是研究教室內社會運作與學習行為的專家。她在文章中指出，如果師生間溝通密切無礙、老師的讚美多過責罵，學生會更信任老師，也更願意花心思在課業表現上。

這絕對不是要老師跟學生稱兄道弟，或每天只跟學生閒扯淡，就能讓學生更有動機。一個正面、有助學習的師生關係，其實是有嚴格條件的：

- 老師和學生相處愉快；
- 與學生互動時能彼此尊重；
- 不論在課業或學生的社交問題上，都該給予協助；

●幫助學生檢討他們的思考過程或學習策略；

●能夠掌握知識，並且根據學生的個人背景、程度、個性來教學；

●儘量不在學生面前抓狂。

的確很不容易。

但老師不是孤單的，家長也可以在師生關係上助老師一臂之力，比方說平常多稱讚老師。

如果老師很嚴格，讓孩子了解「是因為你能力不錯，老師對你期待特別高。」總之在不反駁孩子的情況下，儘量找出老師的優點。如果孩子真的非常討厭老師，要先了解他們過往的互動經驗，並解開心結。

另外，對孩子來說，上學最大的動力不是學習知識，而是可以跟好朋友一起玩。通常孩子說出「上學不好玩，我不想去了」，很有可能是孩子的人際關係遇到障礙。

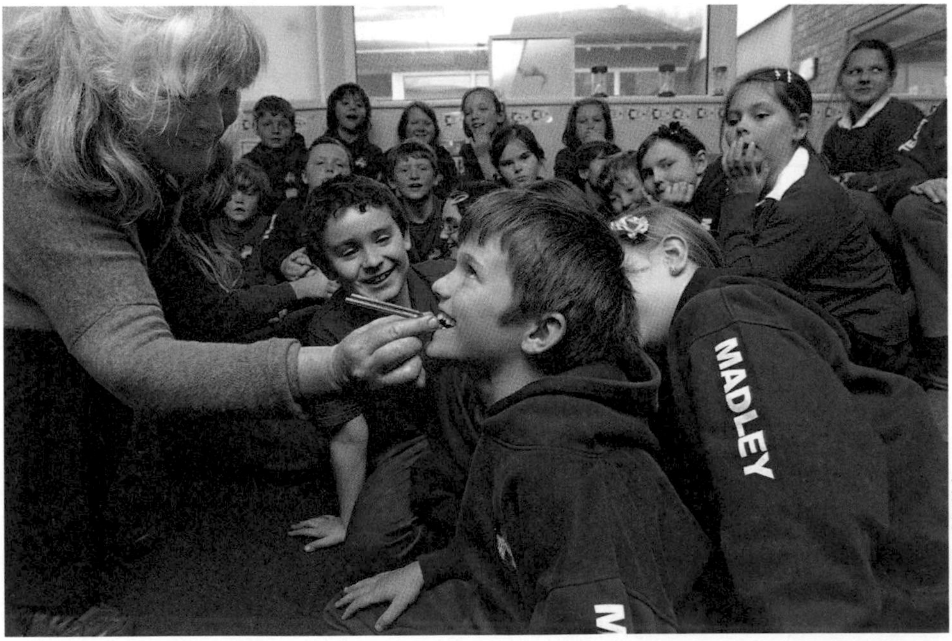

（攝影／楊煥世）

守則 六、邁向目的之路

——找到有意義的、對世界或其他人有幫助的目標，將成為孩子一生的動力。

成千上萬的孩子（跟大人），在學習的過程中或許都遭遇過「不知為何而戰」的心情：明明不是我想做的事，為什麼要被迫滿足別人的期待？

《邁向目的之路》作者，史丹佛大學教授威廉・戴蒙（William Damon），發現了社會上大多數的年輕人都缺乏「目的感」。這不只會讓他們迷失在生活中，也會妨礙他們建立快樂與滿足的基礎。他解釋目標與目的的不同：「目標」是短期、立即的；而「目的」則是遙遠的、你想去的方向、你想成為什麼樣的一個人。

對年紀很小的孩子來說，學習的原因可能不是想當史懷哲，而是單純希望師長摸摸頭說他好棒。年紀稍長後，就要跟孩子談談：「你一生想去哪裡？你需要什麼樣的能力才能到達那個地方？」訓練孩子把短期的目標組合成長期的目的。如果能找到這個終極目標的話，那很恭喜，因為這也將成為孩子一生的動力。

有意義的目標，讓動機生生不息

焦點專訪 威廉·戴蒙（William Damon）

文／賓靜蓀

美國史丹佛大學教育研究所教授威廉·戴蒙（William Damon），是當今世界研究青少年發展和品格教育最傑出的學者之一。他心急於這一代年輕人普遍面臨漂浮不安、不想做任何承諾的現象，透過長期、大規模的研究訪談，發現他們生命缺乏的是「動機的來源與目的感」。

戴蒙認為，動機是很重要的學習要素，但大部分成人談論的動機，通常是通過考試、考上某個大學等短期動機。但是研究顯示，如果沒有更大的「目的」（purpose）存在，短期目標和動機通常會徒勞無功，而且很快就在毫無方向的活動中消耗殆盡。

戴蒙在《邁向目的之路》一書中不斷強調：「目的，是驅動我們每天大部分行為背後的一個動機。」而目的的釐清，在於能清楚回答「為什麼我正在做這件事？」「為什麼這件事很重要？」「為什麼它對我和我以外的世界都很重要？」

戴蒙看到有目的感的孩子，都有高度動機，會自動自發的學習為達到目的所需的技能和知識，也展現少見的務實效率。

目的影響人生的快樂和滿足。但老師、父母不能直接給予孩子一個人生的目的，而必須用引導、用身教和對話，幫助孩子邁向目的之路。

年近七旬的戴蒙，在研究、提醒、引導年輕人和他們的父母尋找人生目的的長期過程中，也發現這就是他個人的人生召喚。戴蒙在加州史丹佛大學青少年中心的辦公室，接受了《親子天下》的專訪：

Q 目的、目標和動機有何關聯？

A 目的，是一種很特別的目標，和一般短期、立即的目標不同。目標，是達到目的的手段。人每天有千百個目標，享受一本好書、看一場電影、買一份好禮物，但目的是一種遙遠的長期目標，是一個你想去的方向，你的一生想往哪裡去？你想成為怎樣的一個人？目的必須是有意義的、長期的、對這世界或其他人有幫助的目標。有了目的，你會開始安排各種目標，讓自己一步步到達那個目的。

父母、老師們必須了解，學生的學習動機不應只是單單考高分、考不好會讓父母失望等，這些真的是很短期的目標。長期的目標和學習動機應該是：當學生全心投入他們想學的內容，可以完成人生哪些目的。目的會產生一種內在（而非外在）的驅動力，「我學習並非因為媽媽叫我學，而是因為我真的很在乎，想學好。」

例如，醫學院學生永續的學習動機應該是：「有一天我當了醫生，就可以幫助、醫治更多人。」如果一直想到這個目的，就可以持續學習下去的動力，就有能量，不僅為參加考試，而是學得更好，幾年長期的努力，這才重要。

目的是一連串「為什麼」的組合。但在學校裡，老師、學生卻從來不問為什麼，例如科學老師教公式、原理，即使學生學得很棒，卻不知道為什麼要學這些，只知道為了考試非學不可。

各科老師都應先跟學生解釋，為什麼要學這個科目？人類的需要和這個科目到底有什麼關係？為什麼有人要成為科學家？為什麼發現新定律很令人興奮？沒有這些「為什麼」，你無法讓學生有長期的學習動機。你可能用恐嚇的方式來嚇學生：「如果沒考好的話，就有哪些嚴重後果，」讓學生有短期學習動機，但學生不會出於興趣、自己把書拿出來讀。學生必須知道為什麼，才會全心全

（攝影／楊煥世）

威廉・戴蒙（William Damon）小檔案

現職：史丹佛大學教育系的教授、青少年中心主任

經歷：曾任布朗大學的教授、人類發展研究中心主任，並選為美國國家教育科學院院士

力、自動自發的去念書，而非被恐嚇鞭策。

很多目標是自我導向的，例如我要一輛很炫的車、穿漂亮的衣服讓人家稱讚我很美，或想要累積自己的財富、光環、榮耀。這些是目標，並不是人生目的，因為它們不會帶給你那種「完成一件對世界有意義的事」的滿足感。當然，這類自我導向目標和最終的人生目的可以同時並行，你可以開發一種電腦產品，為了賺大錢，也因為你相信可以幫助更多人探索世界。

Q 目的可以改變嗎？

A 目的可以有很大的改變，尤其在人生早期。因為一件有目的感的事，會讓人學習另一件有目的感的事。例如年輕人會對成為運動選手很有目的感，但不能一輩子都是運動選手，因為年紀大了就無法參賽。但成為運動員那種自我承諾、自律的習慣，會發展出另一個目的。

一個真正的人生目的，至少要持續一段時間，時間長到你必須要表現你的承諾，至少完成一些事情。你從中學到經驗和能力，就可以開始另一個目的。

目的並不一定要英雄式的，你不一定要有拯救世界、醫好癌症、改善環境汙染等偉大的目的。大多數人都只有很平凡的目的，可能是當個媽媽好好教養小孩、協助組織社區、加入學校的家長會、或任何藝術、音樂社團等。這些都是很小很平凡的目的，但你必須要承諾參與、實際行動、履行你的義務，最後你完成一些事，讓你更投入這個世界、產生一些超過自己的影響和貢獻。

學生必須知道為什麼，才會全心全力、自動自發去念書，而非被恐嚇驅動。

Q 你會用怎樣的方式對青少年說人生目的？

A 很重要的一點，不要跟他們「說」什麼，而是要「問問題」。大人常喜歡對孩子說教，告訴他們該做什麼，但其實無效。我們發現很多青少年找到自己的目的，並不是父母告訴他們的。但父母可以做一件很關鍵的事，就是問「對的問題」，有三個幫助孩子發展目的感的重要問題：

一、我對什麼有興趣？我做什麼最享受？什麼會讓我發光（trigger the spot in life）？音樂、文學、數學、體育？

二、我最擅長什麼？我的才能在哪裡？年輕人要夠了解自己天生的才能，若是先天聾啞，可能就不適合當音樂家。

三、這世界需要什麼？世界有哪些問題、機會，可以發展成我幫助別人的所在？

這些是孩子一定要問自己的問題，三個缺一不可。所以，在青少年階段發展出自己的目的感，很花時間，數個月甚至數年，因為你要去嘗試不同事物。父母可以做的，就是跟孩子展開對話，刺激他們去思考。一旦孩子提出一個小小開始，父母必須提供足夠的資源去幫助他繼續發展，要去哪種特別學校？有哪些連結、書籍或網路資源？

尋找目的沒有一個立即答案，不是用熱門或冷門來衡量。所謂「實際的理想主義」，是你經過長期觀察、真心信服一個目的，但也要能夠檢驗現實。例如，現在拍電影成為一個很熱門的職業，熱門到每一所美國高中，都有許多非常聰明的學生計畫未來要拍電影。他們可能進電影學校，搬到好萊塢或紐約，等待屬於自己的機會來臨，但只有極少數（不到一%）的確可以做到。年輕人當然有去嘗試的權利，但他們不能二、三十年都處在那樣等待、嘗試的狀態。從實際生活角度看，他們應該培養或發展第二專長或能力，可以轉移熱情、換檔。

Q 父母要如何幫助孩子找到自己的目的？

A 很重要的是，父母要教他們負責任，做事要有真正的結果。要對孩子有高期待，讓他們了解，承擔任何一種任務時，不要半吊子，要真正完成某件事，即使那件事很微小。

例如，小孩有寵物，他要去餵食、帶寵物去散步，任何一件小事都要認真去做。孩子該照顧小狗，但是朋友有新玩具想去一起玩，父母要告訴他：「照顧小狗是你的第一任務，做完了仍舊可以跟朋友出去玩，這是你的責任。」要讓孩子看到不負責任的結果，養一盆植物不澆水就會枯乾、會受苦、會死，這些都是在家中可以教導的。

這是發展出承諾和責任的方式，也是讓孩子學習不受其他因素分心或干擾的方式。

延伸閱讀

邁向目的之路

威廉・戴蒙著／親子天下出版

心裡有熱情，看什麼都好玩！

人物故事：十五歲的總編輯凃峻清

文／李宜蓁．林秋彣

還是國中生的《鐵道青年》總編輯凃峻清，喜歡嘗試新事物、連結不相干的事，帶著好奇看世界。究竟他的爸媽多做了什麼、少做了什麼？

「枋山車站是我們第一次車站深度踏查，從車站內部配置看到周圍環境跟古道。我們搭藍色的普快車，全台灣只剩下那裡有在開，一天來回一班。那天車站燈壞了，晚上是全暗的，可以看到滿天的星星，超～漂～亮～的，」聽《鐵道青年》總編輯凃峻清滔滔不絕、挑眉加手勢的講述鐵道故事，沒有人會懷疑，鐵道之於他，正是一種完全無可取代的心流（flow）經驗。否則，他不會像個老學究，為了查證舊資料，一篇篇檢索日據時代的報紙《臺灣日日新報》；否則，他不會全台車站跑、拍照、蒐集剪報，鐵道書研究到半夜，媽媽催了好幾次才肯睡。

當其他七年級孩子為了課業焦頭爛額時，十四歲、念高師大附中國中部的鐵道迷凃峻清發願記錄台灣鐵道的美好，成了全台灣最年輕的總編輯，帶領十人左右的編輯行銷團隊，發行了四期的《鐵道青年》季刊，鋪貨點只有南部七、八個，印製量卻從第一期的八十本成長到第四期的兩百五十本，每一期都賣到缺貨，「我手邊一本不剩了，」涂總編推推眼鏡有點臭屁的說。

編輯顧問媽媽：「我們負責跟著一起玩」

涂峻清黑黑瘦瘦的，看來像一般國中生，一開口卻讓人印象深刻。他並不像一台錄音機反覆的播放大量知識，而是對鐵道政策文化自有一套定見，批判性跟表達能力非常強。他也分得清楚自己的興趣、拿手跟不在行的事物各是哪些，好像身體裡住了一個老靈魂。政大新聞學系畢業的爸媽涂建豐跟劉玲君，除了擔任《鐵道青年》特約攝影跟編輯顧問外，更是自小維護涂峻清學習動機的幕後推手。

劉玲君說兒子碰到感興趣的領域會一直鑽進去，他們就負責跟著一起玩，然後在兒子有想法要付諸行動時，支持他，推一把而已。比方涂峻清小時候喜歡車子，會把桌椅等家具大排長龍說那是「火車」。火車佔據客廳長達半年，雖得繞道讓人無奈，涂建豐也會附和：「好，好，那是火車！」小二時涂峻清愛上煮咖哩跟奶茶，自己在家用回收紙箱開了一家咖哩店，他找各式口味試炒，狂熱到可以三餐都吃咖哩。迷上鐵道後，他大量閱讀整合資訊，快速

（照片提供／涂建豐）

▲ 涂峻清不同時期有不同喜好，他給一路相挺的爸媽還不錯的評語：「不囉嗦」！

找到關鍵人物鐵道專家蘇昭旭，也到關鍵團體打狗鐵道故事館當志工，實地學習，後來又全家總動員一起辦雜誌。說到蘇昭旭的博物館裡頭有好多鐵製模型跟絕版書，涂峻清的眼睛忍不住又亮起來。

特約攝影爸爸：「讀書靠自己，吃喝玩樂我教你」

培養興趣需要時間，一個國中生為什麼那麼閒？涂峻清覺得看電視、打電動是浪費時間跟金錢，即使不辦雜誌也不會碰，時間不如拿來讀梁實秋跟陳之藩的書。現在的學校課業壓力沒那麼大，而且爸媽不要求，所以他只在段考前找家教補強較弱的數學，多讀點他口中「煩死人」的理化，空閒時間「真的很多」。

從兒子還小，涂建豐夫妻唯一重視的是閱讀跟聊天兩個能力，希望藉此維護他專注、穩定的特質，也在對談中訓練表達跟傳達價值觀。爸爸一直跟兒子說：「讀書考試靠自己，吃喝玩樂我教你。」所以四處帶兒子旅遊，教他煮飯跟泡茶，希望養一個各方面都均衡的小孩。

劉玲君說兒子個性坦率直言，唯一要幫忙踩煞車的是，提醒他在學校說話等各方面要注意禮貌，判斷分寸，但也不會刻意將他收斂或捏塑成某個樣子，「因為陪小孩陪得透，所以知道看起來好像是麻煩的事情，可能只是一個過程，不會擔心長大以後就一定會變成什麼樣子、有什麼後果，成長過程中他一定會慢慢學到某些事情。」像辦雜誌，她也偶爾潑潑冷水，讓兒子適度調整，這個歷程要他自己走過，「自己選擇、自己負責」，爸媽無法代勞或承擔。

辦雜誌後，涂建豐夫妻看見兒子從一開始的寫稿、發稿、聯絡、印刷，到現在焦點跟興趣慢慢轉向銷售，過程中展現生命力、行動力，讓他們也有機會看到兒子許多不同的能力，這是親子間最大最珍貴的收穫。

趨勢觀念

探索，怎麼開始？

文／賓靜蓀．李宜蓁

邁向十二年國教時代，國中教育到底要教什麼？國內外研究顯示，「自我探索」才是青春期最重要的「關鍵課程」，自我探索成功與否，攸關未來人生的滿意度。家庭、學校應該做好哪六件事，才能打造一個具建設性的探索環境？

面對「大免試時代」，青春期的國中孩子面臨比考試更重要的目標：自我探索。全世界的研究都支持：青春期的自我探索成功與否，是人生滿意的關鍵。

高中和高職的分流，使得國中階段必須面對第一次重要的生涯抉擇。過往，對多數孩子而言，分數就決定了一切。當免試時代來臨，學生過往面臨的「是非題」（分數高念高中，分數低念高職），突然有機會變成多元選項的「選擇題」、甚或是開放的「申論題」（至少有四分之三免試入學的學生，開始面對有限的選項）；而長期被考試制約，凡是等著「考完試再說」，沒有機會練習「選擇與探索」的少年們，恐怕也只能「交白卷」。

「你問國中生喜歡什麼？未來要做什麼？實在太難，他們只知道我很會讀書，或很不會讀書；會讀書就繼續讀，不會讀的呢？經常就不知道要做什麼？」親職教養專家楊俐容說。其實選高中職的關鍵，應該是看孩子操作能力好，還是思考能力強；操作能力佔優勢的才去選高職，而不是不會讀書去選高職。

也因此，要實踐十二年國教「成就每個孩子」、「適性發展」的美好願景，光把考試挪除、改變升學制度，不足以成其事。全教會理事長劉欽旭強烈呼籲：「適性輔導」才是十二年國教順利運行的必要條件之一。

如何在國中全面落實生涯探索教育、提供學生認識自我、了解性向、協助學生適性選擇，是當務之急。

國中三年是建立人生態度、價值、形塑人格的啟蒙期。青春期的孩子會開始自問「我是誰？我有什麼特別？我的專長和興趣？別人是怎麼看我的？我想要怎樣的人生？」

在青少年階段最具挑戰性的任務，就是解決個人的「統合危機」，以便承擔青年期的責任。根據心理學大師艾瑞克森的理論，所謂的「統合」，意思是一種「知道自己是誰、正前往何處、以及自己在社會中的定位之堅定、連貫的感覺」。要有好的「統合」包含著許多重要的選擇：我想要從事什麼樣的生涯、我應該採取什麼樣的價值？信仰？我是怎麼樣的男人或女人？等重要的探索。青少年的「統合危機」，就是他們思索「自己今日的模樣」與「未來想要（應該）成為的模樣」，在尋求過程中必然有的混亂、焦慮。

一再延後探索的結果，會使得少年的「統合危機」與迷失感，延長到成人時期。大學生沒有學習動機但一直在考研究所、不斷「延畢」的社會現象，就是缺少探索的青春期後遺症。

懷仁全人發展中心青少年戲劇治療工作者張志豪，就接觸到很多沒有目標方向的「小遊民」。他看到一路優異的明星高中學生，一向只和課本互動，一個小挫折，突然就對生命失去意義，變得沒有目標，很疏離，成績一落千丈。成大行為醫學研究所副教授郭乃文，則把大學生比喻為一棵樹，她總覺得有些樹不夠漂亮，也看不出是椰子樹或榕樹。「因為他們沒有去找出自己的意義，連自己都不知道自己是哪種樹，」她惋惜的說。

畫出自我肖像

自我或生涯探索，不只是狹隘的「職業探索」，也不是表象的參加技藝訓練課程，而是需要深度思考的哲學問題。青少年階段必須透過各種機會與嘗試，從不同面向：價值、人際關係、個性、興趣、外表、性別、成就等畫出自己的肖像。青少年時期的認同不見得會保持一生，但發展出健康的認同對未來的改變，就有彈性與適應力。

自我探索不是一個現在就要決定的標準答案，而是一輩子都要面對的思考。但青少年必須跨出第一步。「我愈清楚自己，就愈能做選擇，培養自己能發揮的地方，和環境相合的機率也比較高。即使選錯也沒關係，我知道如何調整。如果只能被環境選擇、不適合就被淘汰，我會很容易覺得自己很差，那樣的被拒絕經驗，不會帶來成長的契機。」長期研究國中生人際關係的師大心理輔導系副教授程景琳分析，在選擇愈來愈多元的時代，「認識自我」的能力，比以往更為重要。

面對如此重要的「關鍵成長期」，父母和師長，應該怎麼開始？學校和家庭，應該做什麼準備？

建構一個充滿「建設性探索」的環境，成人可以開始試著做六件事：

大人一定要忍住「只想講不想聽」的習慣，
放下「談話一定要有教育意義」、「一定要解決問題」的執著。

一、給少年「選擇」的機會，也經常問他「選擇」的理由

選擇，使人成為自己的樣子。程景琳強調，成人需要經常和少年們討論日常生活大大小小的瑣事：為什麼吃這個不吃那個？為什麼喜歡這個朋友？為什麼愛這個偶像？「選擇」背後原因為何，從中幫助孩子們澄清：你喜歡什麼？想要什麼？覺得什麼最重要？在不同的事件中學會自我定位。太抽象的題目，也許讓少年一時不知所措，但談論生活中隨手可得的「決定」，更容易讓孩子解釋自己的想法。

親職專家楊俐容也建議，常常和孩子聊「你學什麼東西比較快？」「你覺得自己哪個學科表現比較好？」「你覺得自己很不錯的能力是什麼？」是能刺激少年了解自己、觀察性向的好方法。

「『自我』這個概念，是累積出來的，」程景琳解釋，國中生認知能力比國小強，但又還沒有高中生成熟，經常無法清楚完整表達比較抽象的想法。因為說不清楚，於是化約為「不知道」、「沒有」、「還好」三個常見回應。這時候大人應該放下「管束」的欲望，回到「關心」的立場。

台北市信義國中輔導室資料組組長許維峰強調，大人在過程中一定要忍住「只想講不想聽」的習慣，放下「談話一定要有教育意義」、「一定要解決問題」的執著。孩子就是希望跟大人像朋友一樣「沒有營養」的聊天，當信任與認同關係建立，孩子遇到問題，才會主動趨近，請求幫助。

二、給少年更多「團體經驗」

發展心理學強調，青少年的「自我認識」，是從社會互動中產生的：別人怎麼看我？怎麼評價我的能力、興趣、外表？我怎麼與別人相處？研究顯示，青少年時期，一個人的「友誼品質」，是形成「自尊」（self-esteem）與自我評價最強的決定因素之一。

團體生活也是培養人際相處、情緒發展很重要的練習機會。也因此，讓少年有更多團體的活動和經驗，不該成為「次要」的課程點綴，而是幫助他們成長的關鍵作為。

新竹光武國中規劃了極具特色的「自然探索課程」：上山、溯溪、下海，帶學生從團體活動裡建構能力和自信。課程結合冒險和服務，孩子騎自己組裝的自行車環島，沿途不但自己修車，還帶著科學教具去借宿的小學示範教學、免費修車、舉辦音樂會。

十年來，負責規劃課程的林茂成老師看到探索課程的正面效應。參與探索課，要花很多課餘時間，但是「孩子沒變笨，反而學會時間管理，學習觸角更廣。」林茂成賦予他們責任，讓孩子長出自主能力。到三年級規劃讀書，上課專心程度、受干擾程度降低很多，有助學科學習。更讓林茂成驕傲的是，這群少年進了高中都一定參加國際志工服務。「這樣的孩子進大學不會玩四年，對未來很有規劃，有很強的企圖心，」他非常有信心。

（攝影／張緯宇）

三、累積少年「為一件事」、「為另一個人」去努力的經驗

這一代的少年在充滿聲光刺激的優渥環境中成長，卻比過往更容易覺得虛無。青少年戲劇治療工作者張志豪觀察，社經地位、弱勢邊緣的孩子容易走向幫派與吸毒；社經地位好的中產小孩容易網路成癮，變成小王子、小公主。有些成績好到一個極致的中學生，也很容易陷入虛無感，因為他們的「自我建立在薄弱的數字上面」，差一分就挫折。他輔導過一些要割手臂自殘、流點血、有些痛感，來證明自己真實存在的「乖小孩」。

張志豪強調，在少年需要「統合」的過程中，如果只認識狹隘的自己，看不到別人的需求，就不容易有反思的經驗。在教育體系裡缺乏「為一件事」或「為別人努力」的意義感，青少年無法體會服務別人之後的快樂，大於網路闖關或考試得高分的刺激，就很容易感到「沒意義」。

透過「為別人服務」的經驗創造意義感，是少年自我探索最美好的機會。

在豐原開鐵工廠的張筠睦送給兒子的小學畢業禮物，就是帶著他去尼泊爾做志工。二十幾天，全隊最老及最小的父子兩人，在泥濘中替尼泊爾村民開出一條森林防火線、忍受水蛭上身、到小學帶動遊戲、宣導婦幼衛生。生活一向優渥的兒子跟著打掃、做飯、睡在只容一個睡袋長的地板上，看到尼泊爾孩子在小小五燭光的燈光下寫功課。「孩子沒有親身體會過那種貧困和匱乏，珍惜、節儉的教導，完全聽不進去，」決定留給兒子磨練和服務能力的張筠睦說。他也在那樣匱乏的情境中，看到好像不懂事的孩子體貼、細心的優點。

四、提供少年足夠的留白

華人的文化裡，父母看到孩子閒著就感到不安，希望替孩子養成繁忙的習慣，把時程排得滿滿

的。塞滿「外部期待」，使得孩子跟自己對話時間、體會自己的時間變少了；於是對自我的記憶就變成大部分來自別人的期待，更不清楚自己想要什麼。

如何讓孩子依照自己的速度、知道自己為什麼做一件事？如何讓他安頓自己、找到自己？成大副教授郭乃文提醒，要給少年留白的機會。留白不是表面時間的空白，而是一種不被外在要求、訊息佔據的狀態。

「留白就是給自我感留一個機會：我感覺到我，我想些什麼，追尋自己有哪些改變？」她形容。自我感也和同理心有關，如果你能感受自己，就能感受別人。

有標準答案是一個很大的壓力。留白就是無所為而為，沒有目的性，就不會太在意自己的表現、別人的看法。無所為而為做出來的事就是自己最滿意的。郭乃文建議，每天至少留二十分鐘陪小孩，不做任何安排，不要企圖改變他，無聊也沒關係，看孩子會怎樣安排。「孩子一定會離開你的掌控，愈掌控，他就離你愈遠。放手，他的能力才能出來，但不能突然放手，」她說。

五、陪伴、傾聽、等待，給他尊重與支持

青少年很容易給人叛逆、耍酷的印象。但是，叛逆不等於變壞、耍酷不等於不在乎。大人要能深入體會少年「不是不想，只是做不到」的心情。

台北市信義國中輔導室資料組組長許維峰九年來「用心去和孩子相遇、陪伴」。他看到青少年耍酷的幾個理由：注重外表、更注重別人對他們的感覺和看法。他們因為不知道要怎麼做，或正在恐懼，所以裝酷。有時是很在乎、卻故意裝得不在乎。

留白，就是給「自我感」留一個機會，思考：
「我感覺到什麼，我有哪些改變？」
如果能感受自己，就能感受別人。

許維峰舉例，有些學生七、八年級沒好好念書，基礎不好，到九年級才來拚基測，但自己知道已無能為力。他曾經在九年級的班上問，要念公立學校的舉手，有八成的孩子舉手；但當他問：覺得自己做不到的請放下，竟然有七、八成都放下了。許維峰知道他們想拚，也在乎，痛苦的是「在乎卻做不到」。

於是許維峰宣告，只要學生有需要，他願意像健身房教練一樣，為學生量身訂做讀書計畫。結果四個月下來的午休、放學討論時間，有四百個同學來「求助」。

陪伴，說來簡單，但是大人常著急的想替青少年解決問題，而忽略過程中的情感支持。

許維峰曾經陪伴過國中生度過很多個假期。「我一開始以為，要成為一個好的輔導老師，一定要提出解決辦法，」他說。但他曾經遇過孩子坦白：「跟你說了也沒用」，但還是每次都來找他。他體悟到，孩子感動的，是大人願意陪著他們走過這一段。

青少年難免會犯錯，他們要透過衝撞、偏離常軌的行為去探索、試探自己。專門研究青少年的輔大臨床心理系助理教授陳坤虎則分析，有穩固的依附關係，孩子的青春風暴就度得過去。「有良好的親子關係，九〇％的青少年會回來，」他肯定的說。

《當孩子的生涯顧問》一書強調，青春期階段的家長最需要耐心和同理心，記住孩子正經歷心理、情緒和社會的巨大轉折。支持他們的需求、幫他們建立責任感，如果他們表現的很可靠，要適時讚美並賦予更有挑戰性的任務。

六、提供典範

成人是青少年模仿認同的對象，父母、老師建立的典範效應影響很大。《當孩子的生涯顧問》作者建議，父母或成人可以經常跟孩子分享自己的生涯探索歷程與故事。工作中哪些時候令你覺得滿足？你對人生的價值觀是什麼？你經歷過哪些失敗或成功的生涯轉折？

楊俐容也提醒，父母可以邀請不同工作類別、專長的長輩和青少年聊聊，他們在各自的工作上有哪些甘苦，重視哪些職業價值，試著讓孩子思考，「未來我想過什麼樣的生活？追求什麼樣的夢想？」

青春期是父母陪伴孩子成長，最後也最重要的一段旅程。提供身教和人生典範，然後把主控權轉移給孩子。

「生涯探索不會是一門『做結論』的課程，反而應該說是一門『發現問題』的課程。它的作用是觸發我們開始對自己的人生重新思索，而不是換一種方式去規定我們的人生。它的功能是讓我們發現打開心靈之窗的工具與方法，而不是直接給予一條人生的便利通道。所以，請勿期待在這邊要找到什麼傳統式的答案。如果我們找不到好問題，就別想找到好答案；但如果我們找到了好問題，也就不必再去找答案了。因為，『答案就在問題當中』。」清華大學通識課的生涯探索學程目標，清楚的為探索的無限可能，做了最美麗的詮釋。

自我探索不會隨著青春期結束而停止，但是愈早開始，路徑就會愈清晰。這一代父母普遍「晚熟」，更體會到提早「裝備」孩子的必要。人生不知道會在何時遭遇到哪些人、哪些事、哪些關卡，陪伴孩子深耕自己生命的根，他在飛翔路上就沒有恐懼。當他起飛時，大人要做的，就是耐心守候和衷心祝福。

透過「為別人服務」的經驗創造意義感，
是少年自我探索最美好的機會。

王希文：標準答案，是「好學生」的包袱！

人物故事 從外匯交易員到音樂總監

文／賓靜蓀

從台大畢業時，爸爸眼中「王家最優秀的兒子」還「不知道自己要做什麼」？在外商銀行擔任外匯交易員，別人眼中的金融業金童，卻覺得人生沒有動力。

直到勇敢離開父母規劃的那條路：「趕緊賺錢，有社會地位，成家立業穩穩的。」三十一歲的王希文才在音樂裡找到熱情和生命意義，逆轉成為朋友眼中「非常清楚自己想要什麼」的人。

他說：「『標準答案』是『好學生』的包袱。」每個人生命的主旋律都沒有標準答案，必須自己一個一個音符去譜出來——探索和選擇是一輩子的事。

王希文，三十一歲，曾是花旗銀行的外匯交易員。音樂，曾經是他不敢追的夢。六年前下定決心成為專業音樂人，每次出手都令人驚豔。他讓舞台、電影音樂跳脫「配角」命運，有了自己的生命。著名作品有中文音樂劇《木蘭少女》，以及在網路上被瘋狂下載的快閃行動音樂劇《寶島歌舞》；他用音樂說故事的龐大感染力，也贏得眾多評審青睞，不僅在二〇〇九年拿下金鐘獎最佳音效獎，也因《翻滾吧！阿信》與《總鋪師》，兩次獲金馬獎原創電影音樂入圍。

師大附中、台大政治系國際關係組畢業，在花旗銀行外匯交易室工作一年。「漂亮」的學經歷，曾讓他捨不得做其他的選擇，綁住自己真正的熱情。

從小到大，王希文是典型「好學生」。父母在主流價值觀中成長，也期待孩子跟隨熟悉的路，穩定而安全。

學企管、自己創業的王爸爸，對這個會念書又會玩、「王家最優秀的兒子」的規劃是，直接上台大商學院、然後出國念ＭＢＡ。高三時，爸爸陪著王希文寫推甄計畫，自傳上寫著：進大學後，要輔修經濟、商管，成為國際經貿人才。「高中生哪懂這些？那是我爸替我擬好的道路，我不排斥，但也說不出超級熱愛，」王希文回憶。

高中時他開始加入吉他社，組樂團，大學時唱遍台北的音樂餐廳 live house，以及海洋、春吶等各種音樂祭。但這些都僅屬於「非常投入的興趣」，不是他生命中的主旋律。

因為年輕的生命中，有一條明亮清楚的康莊大道只等他邁開步伐。康莊大道旁邊沒有叉路，其他的小徑相較下根本不需考慮。

躋身主流列車，卻不想當小齒輪

儘管他也曾有出國念吉他演奏的念頭，也受日劇影響，想白天上班，晚上玩樂團，但都還很猶豫。「大學畢業時，不知道自己要幹什麼。」他繼續走爸爸規劃的那條路，「趕緊賺錢，有社會地位，成家立業穩穩的。」

當兵前爸爸檢查出肝癌，王希文決定「好好上班，不再想出國念音樂的事。」服役時考了托福和一堆證照，退伍後不再違背爸爸的意思，進入花旗銀行外匯室。

上班前幾個月，王希文嘗到社會新鮮人進入華麗外商公司的興奮感，「不用穿制服，中午走在東區光鮮亮麗，寫電郵都用英文。」但同時也跟音樂圈的朋友有隔閡。

學生時期就參加辯論社、很有主見、又習慣當風雲人物的王希文發現，自己沒辦法只當外商銀行龐大體系下的一個小齒輪。上班「沒什麼動力、感覺，有點困擾不知自己要什麼。」

那年九月爸爸過世，王希文頓失依靠，立刻「密集念GMAT，希望趕快出國念書，趕快升遷，把爸爸期望的這條路走完。」

但靈魂深處，音樂對他的召喚再也無法壓抑。原本的康莊大道，感覺愈來愈走不下去，旁邊的音樂小徑卻有無窮的魅力。

他開始接觸劇場、電影，「失去爸爸的情緒很敏感，感受力變強，看到以前不知道的音樂類別。」他發現，原本爸爸期望他去留學的紐約大學商學院有音樂產業系，音樂學院有電影配樂系，但前者需要工作經驗，後者需要相關作品，而他兩種都沒有。於是他開始下班後去上音樂相關課程，也去南港高架橋下索尼（SONY）音樂室打工，那裡只需要高中畢業的資格。

在台灣，好學生要放棄大好前程，從習慣搭乘的「主流便車」中跳出來，需要「離經叛道」的勇氣。

王希文做音樂的心意愈來愈清晰堅定，他決定辭職去「練功」一年。他和舅舅、爸爸的老同事商量，「取得長輩的同意，比較放心。」他說服媽媽，給自己設下兩年的停損點，若走不順、碰壁，會從別的行業再出發。「我不會餓死，頂多比別人晚兩年過小康生活，」他承諾。王媽媽看他「上班上得很辛苦」，也了解他從小「說到就要做到，而且會去找各種資源」的個性，點頭讓他放手「去賭那條渺茫、不是父母眼中主流的路」。

「離經叛道」，還是會害怕

王希文終於走上自己選擇的路。因為是自己選的，他有著滿滿的熱情和衝勁。他用工作賺的錢買了基本器材。直接找北藝大老師開書單，大量閱讀和聲、管弦樂編曲各種相關書籍。看不懂五線譜，他自學鋼琴，硬是練習先讀譜、再去比對同學拉小提琴。學生時代在樂團中培養的聽力和基本編曲技巧，都轉換成配樂的養分。

和王希文合作《木蘭少女》的台南人劇團創辦人蔡柏璋表示，王希文是朋友中少數「非常清楚自己想要什麼」的人。「他有條有理、龜毛力求完美，是企圖心十足的處女座個性，」蔡柏璋形容。而編曲配樂創作正需要

（攝影／楊煥世）

王希文，31歲，處女座

學歷：師大附中、台灣大學政治系國關組（經濟輔系）畢業、紐約大學電影配樂碩士

現職：瘋戲樂工作室創辦人、實踐大學音樂系兼任講師

延伸閱讀（擔任音樂總監作品）：華文音樂劇《木蘭少女》、電影《翻滾吧！阿信》、《愛的麵包魂》、《總鋪師》、寶島歌舞劇《向前行》、《我的未來不是夢》、果陀劇團《17年之癢》

這樣的性格和能力。非音樂科班出身，他必須加倍努力，讓自己被看見。王希文不錯過任何參與配樂的機會，更無酬的替大學生畢業影片配樂。背水一戰的壓力很大。丟出紐約大學申請文件後的三、四個月每天失眠，怕失敗，「如果沒上，要不要再試一次？」怕別人的眼光，他覺得自己好像得了「被害妄想症」。

回想這六年「如願以償」的精采，王希文慶幸自己勇敢的選擇。但他承認，「在不順的時候還是會害怕，所以需要同伴互相打氣。」而他身邊多的是跨行越界、追隨內心聲音的朋友。「每一階段都是過程，讓你知道接下來該去哪裡，甚至影響你的下一個選擇，」他說。

對於生涯轉折會不會太晚的問題，他認為「這都是好學生的包袱」。台灣社會缺乏不一樣的聲音，流行音樂、電視、電影、媒體都一窩蜂行動，這也反映在大家的生涯規劃上，精英學生很受主流價值的影響。

王希文語重心長的說：「大家應該好好想想『標準答案』這件事。」因為，人生，沒有標準答案。

林彥丞：哪個學生，不想考出好成績？

人物故事 從「千睡爺」到行銷高手

文／賓靜蓀

在國中階段，媽媽曾必須小心翼翼不過問林彥丞的功課，因為若是用這個標準衡量，「他什麼都不是，在父母眼中找不到一個優點，會全面崩潰。」

他是每一堂課都睡、考試成績只會拉低班上成績的「千睡爺」和「拉拉隊」。這樣以考試成績來衡量的「壞學生」，是「沒有選擇」、「不必作夢」的一群。但是林彥丞和爸爸媽媽都不放棄探索，找回自信後，他什麼都不怕……

二十九歲的林彥丞，看起來陽光、健康，是個熱愛工作的「小老闆」。他推廣樂活式的健康生活，代理荷蘭百年老牌Gazelle自行車，引進歐洲家庭必備的自行車兒童安全座椅等配件，創業第一年就已賺回成本。沒有背景、沒有錢，林彥丞靠著「陌生開發法」創業，直接打電話、飛荷蘭談成代理權。

林彥丞擅長替自己爭取機會、找資源，這是他在顛簸成長過程中練就的本事。很難想像這個充滿自信的年輕人，國中階段「看不見光，什麼都不在乎」。

他是被台灣教育制度放棄、主流價值認定「沒有選擇」、「不必作夢」的一群。還好他的父母沒有放棄，協助他在「主流」和「學業」以外的廣闊天空，張開探索「興趣」的天線。高中當志工的經驗，讓他的探索天線第一次接收到「就是它！」的電波。林彥丞在那瞬間找回自信，體會到「我也不錯」的悸動開心。

看不到光的青春期

要不是媽媽汪詠黛為了出書，向兒子求證國高中的「事蹟」細節，林彥丞根本不願意回想那段很痛、看不見光的歲月。

噩夢當然從成績不好開始。在台北的明星國中，他穩居班上倒數三名，外號叫「千睡爺」，上課聽不懂一直睡；又名「拉拉隊」，把班級校排名成績拉下來。一大串惡劣的行跡：作弊被抓到、回家後從不打開書包寫功課……都是因為沒有舞台，找不到生命的著力點。

在學校的挫敗和屈辱，林彥丞一股腦發洩在家人身上：飆髒話罵人，罵完跑回房間哭，留下媽媽在客廳哭，不輕易表露情感的爸爸則跑到車子裡哭。「全家哭了一缸子眼淚，大家都很受傷，而且經常失眠，」媽媽汪詠黛用「慘烈」來形容那段時期的親子「嗆聲大戰」。

但是她去上人本的父母課程，相信「兒子有溫柔的眼神絕不會變壞」。也下定決心不再過問兒子的功課，「否則他什麼都不是，在父母眼中也找不到一個優點，他會全面崩潰，」汪詠黛說。

父母開始學習「放心、放下但不放棄」，和老師合作，培養他「學業以外」的能力。

晚上同學留校課輔，林彥丞跟體育老師學打桌球；省下補習費，去補籃球、學朱宗慶打擊樂。假日全家「四輪加二輪」（轎車後掛著單車），陪最愛騎單車的林彥丞，到處趴趴走；甚至買全副行頭，讓他加入大人的車隊。暑假打死不參加暑期輔導，便由爸媽出時薪、請朋友「假裝」雇用他當工讀生，從打工中體會努力才會得到的滋味。

高中就讀台北陽明山上的私立惇敘高中，是爸媽替他做的選擇。因為林彥丞依舊「自我放棄、什麼都不管」，爸媽知道他考不上高中、念高職又沒有明顯傾向，「惇敘有綜合高中，可以讓他再試試，」媽媽說。

高中覺醒，扭轉人生

高二就讀資訊管理科，他開始找回自信。「以前又矮又胖」的他突然抽高，居然被全校第一名的學妹喜歡，「外表太重要了！」林彥丞第一次覺得自己好看。同時，比起其他更差的同學，他「稍微認真」，竟然能考到第一名。更重要的，寒暑假擔任導覽志工和遊學紐西蘭的經驗，讓「像吞了炸藥一樣」的火爆小子林彥丞，開始「醒過來」，想「扭轉自己的人生」。

他到歷史博物館擔任達文西畫展的導覽志工時，發現自己喜歡人群、喜歡講故事，而且「全部人都圍在旁邊聽你講，講完大家都拍手，覺得自己好重要。」他從此愛上志工服務，並從國內服務到國外。

從小不乏出國旅遊、打工經驗，獨立的林彥丞在高二的紐西蘭遊學營中，發現自己敢大膽開口用破英文和外國朋友交談。一次必須團隊合作的野地求生訓練更讓他開竅，英文是「求生」能力之一，也是他的強項和最愛。

回來後，堅持要念大學，要主修應用外語。這是林彥丞最大膽的一次「賭注」。因為惇敘的商科課程，並沒有外語科的訓練，也不可能為他一個人改變。

那時的導師邱瓊滿記得，林彥丞很清楚自己的實力，「不行的不敢臭屁」，他接受學校不會改變課程的事實，第一次自己向爸媽要求補習。一旦自己想要念書，擋也擋不住。「這輩子從來沒看過兒子那麼認真的白天上課、晚上補習，」汪詠黛忍不住眼眶泛紅。

在課業之外的地方證明自己

找到自己的喜愛和強項，林彥丞在龍華科大嶄露頭角。他還是一貫在功課以外的地方證明自己，硬是連續考取國際領隊執照、國內英語導遊執照。他擔任系學會會長，不錯過任何一個國際參訪的機會，更擔任青輔會第一屆國際推廣大使，接待來台學中文的外國學生。

他在兩千名台清成交名校學生中，脫穎而出獲選進入微軟實習生計畫，讓他確認自己的優勢、更有自信。他更發現大學和技職體系的資訊落差太大，「我隨時上台大、清大的網站上找資源，因為技職體系什麼都沒有，即使有，學生也不在乎，覺得那是給好學生的。」他常看到技職生不敢大聲講出自己的校名，怕人家沒聽過。

「我們的教育沒有給孩子自信，小朋友沒有自信就一直往後，哪個學生不想考出好成績？但就是不知要從哪裡加強呀！」他常在演講中鼓勵台下的技職生，要專注做自己喜歡的事，往往一片淚眼相對。

同學都是「非常會考試的人」，但他一路用推甄方式進入東吳企管研究所；甚至還替自己爭取到德國交換學生一年，是東吳第一個非德文系的交換學生。

面對台灣的教育主流價值，林彥丞選擇另闢蹊徑。

他感謝父母沒有放棄他，「否則一定上社會新聞。」「技職生不一定要變成吳寶春、台

我們的教育沒有給孩子自信，
小朋友沒有自信就一直往後。

灣之光才叫好，」林彥丞說，「做自己喜歡的，又可以幫助別人，就很快樂。」他的心因此愈來愈柔軟，路，也愈走愈順暢。

（攝影／楊煥世）

林彥丞小檔案

29 歲，獅子座

學歷：台北惇敘高中、龍華科技大學應用外語系畢業、東吳企管研究所肄業、德國明斯特大學交換學生 1 年

現職：悠活城市國際有限公司產品經理（荷蘭 Gazelle 自行車台灣總代理）

延伸閱讀：《愛，就是慢教和等待》，汪詠黛著／時報出版

從「閱讀」到「思考」

編者的話

文／何琦瑜

曾經紅遍一時的電視益智節目「百萬小學堂」，捧紅了許多聰明活潑記性好的小明星。但當我看這個節目時，卻彷彿看到主流社會對「兒童教育」的錯誤期待：節目中和教科書廠商合作的闖關題目，其實就是我們的國中小學生平日的考試或評量，每一題都有「標準答案」。現場比誰答得快，由此可知多數題目不用想，只要背，比的是速度和熟練度。題目類似這樣：

——表現主義大師孟克以畫作「吶喊」聞名世界，請問他是哪一國人？

——台灣有珊瑚潭之稱的水庫是哪一個？

這些學校裡外所謂的「知識」，被切割成支離破碎、細瑣不堪的選擇和是非題。我們期待孩子把十二年的時間，拿來背誦在google三秒鐘就可以查到的題目。成人們以類似題目的考試分數，定義我們認為的「優秀」。這樣的教育，套句節目中藝人在答錯答案後誇張的回應：「這真是戕害自信與人格的一場競爭。」

語文教學的現場，更是具體而微的凸顯了我們對基礎教育的錯誤期待。把時間花在重複的字詞教學、無關宏旨的修辭定義；讓學生默寫品質參差的改寫版白話課文……。這是我們想要教給孩子的嗎？

從標準答案，邁向思考歷程

十二年國教牽動的考試變化，引發社會的集體焦慮：會考是不是變難了？考非選擇題怎麼辦？是不是該去補習班多練習PISA模擬試題？……這真是一種被考試和標準答案制約的價值觀：還沒搞清楚「題目」背後的邏輯，就急著尋求「找到標準答案」的捷徑。

「過去的教室中，老師的腦袋就等於今天的網際網路；加上教科書，就是學生全部知識的來源。但今天，網路和科技挑戰老師的權威，學習中更重要的，已經不是標準答案（網站三秒鐘就替你算出來），而是你獲得答案的思考歷程……你『知道』什麼並不重要，如何將所知『表現、做出來』才是關鍵。」在美國推動專案學習的喬治盧卡斯教育基金會榮譽總裁陳明德，清楚描繪變化的脈絡。全世界都在嘗試評量與考試的改革，試圖擺脫硬背的死知識，採取「真實評量」，引導學生與學校的教學，與生活連結、解決真實的問題。

閱讀素養：二十一世紀必備的關鍵能力

近十年來，最能影響全世界教育改革的「評量」，應該是OECD（經濟合作暨發展組織）每三年大規模舉辦的測驗：PISA。六十幾個國家參與，涵蓋九成的世界重要經濟體。目的在評估十五歲青少年的閱讀、數學、和科學素養。世界各國在制定、調整教育政策時，都以PISA成績作為重要的參考依據。

近十年來，「閱讀素養」成為國際上評估一國教育競爭力的關鍵衡量指標。甚至成為香港、上海等亞洲地區課程改革的核心：香港將「從閱讀中學習」，列為所有課程改革的關鍵項目。二〇〇九年拿到PISA評比世界第一名的上海，也早在十年前進行課程改革，讓教室內的學習重點，大幅擺脫過往「滿堂灌（填鴨）」的陋習。課堂中透過閱讀長篇有意義的文本，導引師生間的討論與提問，多過於「將課文碎屍萬段的教導」。（見二〇六頁）

因為全世界的教改白皮書都直指：閱讀素養，是二十一世紀人才最需要的關鍵能力。閱讀力，關乎獨立思考與判斷的能力、是終身適用的自學能力，也是得以陪伴、療癒個人心靈的美好習慣。

如果問二十一世紀有什麼「一定要學會」的生存技能，那麼「閱讀素養」，已然成為不必討論的共識。

究竟什麼是閱讀素養？根據各種國際評比指標，大略可統整為以下幾個層面：

- 能夠理解並運用書寫語言的能力
- 能夠從各類文章中建構出意義
- 能從閱讀中學習
- 從閱讀中培養思考和判斷的能力
- 參與閱讀社群的活動
- 由閱讀獲得樂趣

台灣轉型：從閱讀1.0升級2.0

這十年，我有幸參與，並觀看到一支靜水深流的改革——兒童閱讀運動。在民間和政府的攜手合力下，默默開花結果。多數的新手父母，現在會把「讀故事書給孩子聽」，當成滋養童年的基本需求；在多數的小學裡，你可以看見各種課外讀物登堂入室，「讀課外書」成為學校公開鼓勵、家長讚美的「好表現」，這都是近十年來才有的「價值翻轉」。

這美好的十年，姑且先稱之為「閱讀1.0時代」。西元二〇〇〇年，前任教育部長曾志朗，以政策之力，引導小學全面推動閱讀，為兒童閱讀運動配備資源鳴槍起跑。學校行政、教師、家長，在協力而非對抗的氛圍下，「閱讀活動」成為多數小學的尋常風景。

只是過往談閱讀，跨不過國中的楚河漢界。升學壓力成為阻止改變的藉口。隨著十二年國教二〇一四年上路，國中禁地的「柏林圍牆」一夕崩解。升學考試明白召告「閱讀素養」與能力的重要，彷彿切開一道裂縫，讓新鮮自由的空氣滲入圍牆。

二〇〇七年，台灣參與了國際閱讀能力評比，名次大幅落後亞洲其他國家，也引起了教育現場另一波反思和行動：我們再也不能僅僅將閱讀當成「課餘活動」。「學會閱讀」和「透過閱讀學習」，應該進入課程與教學，成為基礎教育的核心綱領。透過閱讀與討論的引導，目的是培養孩子思考與自學的能力，而不是「比賽」記憶與精熟。

啟動「閱讀2.0」時代，強調量的普及已經不足夠。從國小延伸到國中，從閱讀深化到思考，讓學生體認到，閱讀的樂趣，不是來自花俏的閱讀活動，而是來自真正的理解。因為浸淫並體會書本所帶來知性與感性的激盪，才能從閱讀中，得到樂趣與滿足。

透過閱讀，希望能打開教育現場的一扇窗，也打破「百萬小學堂」式的教育魔咒。在三秒鐘就能google到標準答案的世界裡，我們實在應該培養更多的「出題者」，而不只是反覆訓練熟悉技巧的解題人。

國際視野

二十一世紀人才所需的素養

文／何琦瑜、錢欽昭

經濟合作暨發展組織（Organisation for Economic Co-operation and Development，簡稱OECD）教育部門指標與分析處的總監安德亞斯・史萊克（Andreas Schleicher），負責知名的「學生基礎讀寫能力國際研究計畫」（Programme for International Student Assessment，簡稱PISA）。這項針對全世界十五歲青少年閱讀、科學、數學素養的評比，已經成為許多國家進行教育改革最重要的依據與方向。台灣二〇〇六年也開始加入這項評比。

在二〇〇八年國際閱讀協會的年會中，史萊克深入分析PISA評比背後的意義，並且提出二十一世紀人才需要的素養。透過PISA，了解哪種教育體制、什麼樣的條件，得以培養出未來需要的素養。

素養（literacy，或稱讀寫能力），是二十一世紀知識社會的共通貨幣。正如同貨幣不夠，無法滿足基本生存所需，讀寫能力不足，未來也很難參與並融入這個社會。由我們的研究可發現，這是日益明顯的趨勢。

讀寫能力跟貨幣一樣，也面臨通貨膨脹的考驗。上一個世代的標準，勢必無法應付今日的需求。因此，我們要分辨市場上對讀寫能力的需求有何改變，哪些讀寫能力愈來愈重要，又有哪些教育體制可以成功地提供這些讀寫能力。我們不只要看清教育在今日的面貌，更要探討教育在未來的可能性。

每個人對教育都有不同的想法。但學生、家長、學校甚至各國的教育體制，經常都是各自在黑暗中摸索，不知道彼此的狀況。只有經過跨國比較，我們才能了解彼此的差異，找出相對優勢與缺失。

在我們的定義裡，二十一世紀的素養是有關個人如何蒐集、管理、整合以及判斷文書資訊，進而解決問題，生產新知識，達到參與社會運作與貢獻社會的能力。這也是我們今天面對教育體制要評估的指標。而這種能力不只一種，除了最基本的閱讀素養（reading literacy），還包括數學素養（mathematic literacy）與科學素養（Science literacy）。

提升素養的三大理由

提升素養的理由，有以下三個：第一，這是國家進步的動力。一國國民的讀寫能力，與國家經濟成長、生產力提高，以及科技創新速度息息相關。根據統計，國民多接受一年教育，相當於增加三～六％的國民生產毛額（GDP）。今天，美國、歐洲或其他工業國家所面臨最大的挑戰無他，就是國民的腦力素質高低。

第二，這也關乎社會公平。我們要注意掌握教育資源多寡與社會不公現象的關係。因此，不只要關心整體素養的提升，更要重視所有學生是否能有公平均等的受教機會。

根據統計，國民多接受一年教育，
相當於增加3%～6%的國民生產毛額（GDP）。

第三，讀寫能力可以反映公共投資的效率與效益，讓大家看清楚投資是否有回報。

每三年，PISA大規模檢驗不同國家十五歲學生的學習成效、學習態度、學習行為，並蒐集學生、家長、學校、教育體制等相關背景資訊。我們的目標不在檢驗學生過去學到什麼東西，而是未來他們可能如何運用所學的知識與技術，來面對新環境與新挑戰。

成功的教育體制提升素養

我們無法提供標準教育模式，但可以藉由參考成功的教育體制，來探討哪些因素有助於提升素養。表現好的國家，教育體制有以下幾個特徵：學校勇於挑戰，企圖心強烈，教師對學生期望高，師生關係良好，教師士氣高昂。

教師素質是很重要的一環。芬蘭與南韓每年可以吸引排名在前五%或一〇%以內的畢業生，培育優秀師資。在芬蘭，每一個中小學教職平均有九個人競爭。你一定以為教師薪水很誘人，其實不然。這些國家能夠吸收人才的主因，是因為提供了知識工作者一個美好的工作環境。

成功的教育體制，要勇於接受挑戰，並全力支援教師。過去幾年，英國持續改革教育，但或許對教師提供的支援不夠，因此表現不如預期。

又如丹麥，對教師來說是很棒的工作環境，但或許沒有嚴格要求學生進步的標準，因此學生讀寫能力程度不出色。這些是值得我們探討的案例。成功的教育體制，會讓學生投入閱讀。要學生投入閱讀不是易事。一本書的競爭對手不計其數，包括電玩在內等各種產品，背後有龐大的商業組織與精密的行銷策略，吸引學生目光。

由PISA研究可看出，學生讀寫能力表現優秀的國家，
不僅落實地方學校自主權，全力支持教師，
也為學生量身打造個人化教育。

即便如此，還是有些國家的教育體制成功地讓學生投入閱讀。PISA的研究顯示，家庭環境優渥的學生，的確在學校裡更容易投入閱讀。

但有趣的是，並非所有在學校裡投入閱讀的學生，都來自富有的家庭。而且，家庭環境普通的學生，如果積極投入閱讀，表現會比家庭環境優渥、但是不投入閱讀的學生出色。這也說明，如何把學生帶進這個正向循環，是學校的重要任務。

我們的調查指出，排除家庭收入高低因素後，閱讀素養愈高的學生，家中藏書愈豐富。這證明，包括書籍在內的「文化資本」（cultural capital），影響學生閱讀素養的程度遠超過金錢。

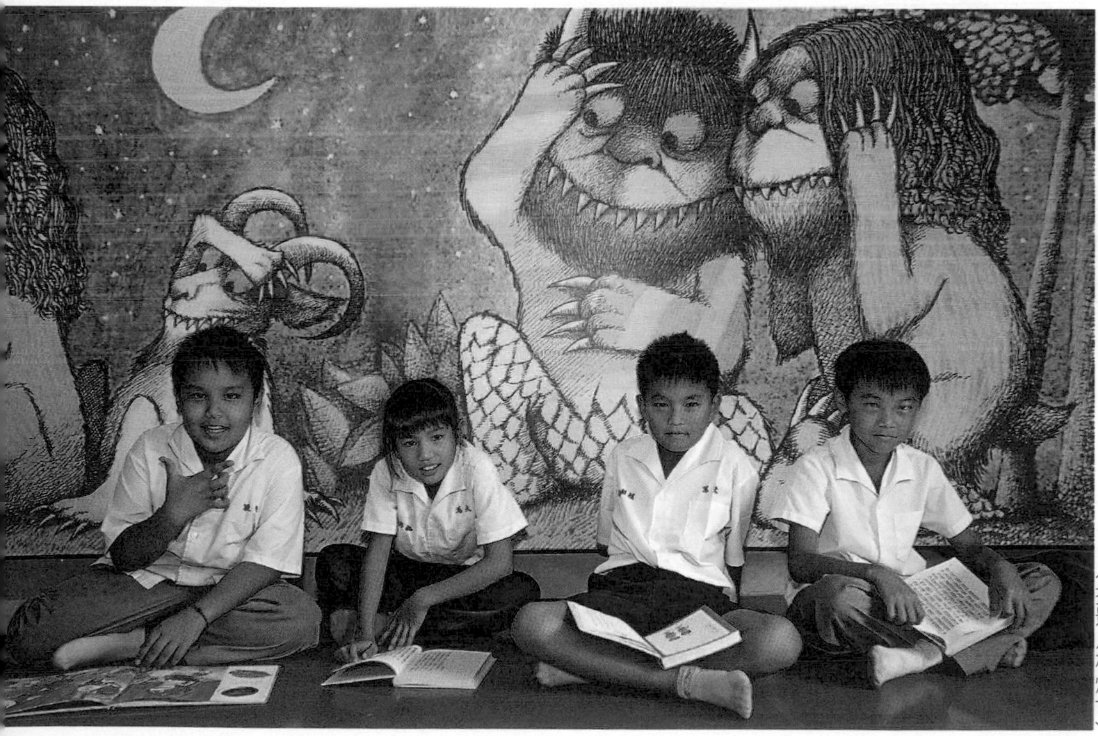

（攝影／楊煥世）

同樣的，學生每個月平均上圖書館借書的頻率愈高、每天看書的時間愈長，閱讀素養與讀寫能力就愈好。而這不只是閱讀素養的研究結果，數學素養與科學素養的數據也呈現出相同的趨勢。

學生閱讀的材料愈單一（通常只有雜誌），閱讀素養的表現愈低落。反之，閱讀的材料愈多元，閱讀的文本愈複雜（如小說），閱讀素養表現的程度就愈好。

我們的結論是，若家長用心營造一個多元豐富的閱讀環境，子女的讀寫能力表現就會出色。但若學校用心經營，同樣也能帶領學生進入提高閱讀興趣與提升閱讀素養的良性循環。

要提高閱讀素養，不能只圖改善學生的認知技能（cognitive skills），還要讓學生更積極投入閱讀。或許，閱讀還

十五歲的讀寫能力，影響一生發展

我們怎麼知道讀寫能力的重要？一個十五歲學生的讀寫能力程度高低，真的影響未來發展嗎？二〇〇〇年開始，PISA縱向追蹤加拿大三萬名十五歲學生長達四年，分析讀寫能力程度與接受高等教育的關係。

由讀寫能力高低可預測學生未來發展（以第一級為比較基準）

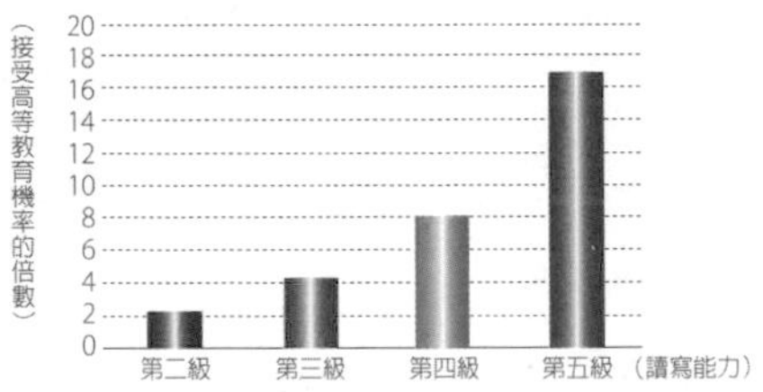

研究顯示，扣除性別、母語、居住地點、父母教育程度、家庭收入等外力因素後，十五歲時具備第二級讀寫能力的學生，到十九歲接受高等教育的機率是第一級學生的兩倍，第三級學生是第一級學生的四倍，第四級學生是第一級學生的八倍。

十五歲時擁有最高級讀寫能力程度的學生，到十九歲接受高等教育的機率則高達十六倍。

這個研究告訴我們：由閱讀讀寫能力程度高低，可以明顯預測未來發展。

但它也同時指出，如果學生在十五歲之前無法具備進階讀寫能力程度，未來接受高等教育的機會相當不樂觀。

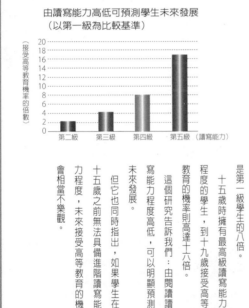

可以是有效的政策槓桿（policy lever），幫助解決學生因為先天社經條件不足對課業表現造成的影響。

地方學校自主與教育規範

表現傑出的教育體制，各個地方的學校通常擁有高度自主權，是實際做決策與負責任的單位。如果學校出問題，政府會介入輔導。包括法國在內的教育體制，是在政府高度監控之下運行，包括學校規模、經費多寡、考試內容等。但我們從芬蘭及其他學生讀寫能力表現出色的國家發現，學校自治是主要的運作模式。

針對科學素養的研究指出，學校沒有自主權，學生表現最低落。若學校有自主權，並接受同一標準的測驗，學生素養程度最佳。學校自主結合明確的國家標準，造就最佳的素養表現。

要面對多元化的學生背景，我們看到，閱讀素養表現良好的教育體制擁抱每一個學生，針對不同學生的背景、興趣與學習狀況，提供個人化的教育，盡力讓他們融入。也有一些教育體制，經由各種篩選制度，提供高度階層化（stratification）的教育。

但是由ＰＩＳＡ的研究可看出，學生閱讀素養表現優秀的國家，教育階層化的程度卻相當低。他們的教育體系成功之處，在於落實地方學校自主權，全力支持教師，並為不同學生量身打造個人化教育的成果。

改善教育是一項艱鉅的任務。不過，當我們環顧四周，還是可以發現不少傑出的教育體制：閱讀素養表現高、受教機會公平均等、體制有效率、每所學校之間的差距很小。這些都是我們可以效法之處。

優秀的教育體制不但是今日成功的標竿，也決定了明日的全球知識庫。

現況反思

PISA啟示錄：走錯方向的語文教育

文／賓靜蓀

二〇一〇年的PISA國際閱讀評比報告出爐，台灣在兩岸三地，成績墊底。為什麼台灣孩子能閱讀一般性的文章，簡單的問題釐清，卻普遍缺乏反思和批判的能力？怎樣的改變，可以搶回台灣少年的語文能力？

二〇一〇年十二月上旬，影響全球教育方向的PISA（國際學生能力評量計畫）閱讀評比報告預計出爐。台灣的能力排名，確定在兩岸三地國際教育評比、使用華語參加測驗的三個國家與地區中墊底。十五歲台灣少年的閱讀素養，遠不及第一次參加的上海，以及近幾年來語文教育改革成功、多次在國際閱讀素養評比中勝出的香港。

翻開PISA的測驗試題，任何一位關心教育的讀者，都可以立刻辨識出國際評比閱讀素養，與台灣國中生閱讀與語文教育的目標有極大落差。

PISA是OECD（經濟合作暨發展組織）每三年大規模舉行的一項測驗，目的在評估十五歲青少年的閱讀、數學和科學素養。從西元二〇〇〇年起，參與PISA的國家從四十個，增加到二〇〇九年的六十八個，涵蓋了八七％的世界重要經濟體，共有超過一百萬名學生接受評量。這項國際測驗已成為世界各國制訂、調整教育政策的重要參考依據。台灣於二〇〇六年第一次參加，從此再也不能自外於世界教育潮流和國際評比。

國際的趨勢：讓語文能力與生活應用結合

ＰＩＳＡ衡量閱讀能力的關鍵在思考與自學能力，包含三個層次——

- **擷取資訊的能力**：能從閱讀的文本中，找到所需的資訊。
- **解讀資訊的能力**：閱讀後，能否正確解讀資訊的意義。
- **思考和判斷的能力**：將所讀的內容，與自己原有的知識、想法和經驗相連結，綜合判斷後，提出自己的觀點。

ＰＩＳＡ認為閱讀能力愈強的人，愈有能力蒐集、理解、判斷資訊，並運用資訊，有效參與現代社會的複雜運作。評估將能力分為五個層級，其中第四、第五層級攸關未來國家競爭力的重要指標。因為它能鑑別學生能否在冗長、困難的資訊中，正確的統整、詮釋，並且加以反思批判。

因此，ＰＩＳＡ揭櫫的新方向有三：

一、閱讀是在生活裡應用的能力

ＰＩＳＡ關心學生如何應用學校所學，而非確認學生是否精熟某項課程內容。它強調「功能性閱讀」，將數學、文字語言、電腦當成工具以進行進階學習。台灣ＰＩＳＡ

國際PISA評量考些什麼？

PISA評量內容涵蓋閱讀、數學和科學三個領域，每三年一次、輪流針對一個主要學科領域做詳細測試。例如，2000年以閱讀為主科，2009年又回到閱讀主科。每次評量都有13種題本（每13個孩子就拿到一份不同的題本），約48～56頁，主科題目佔大部分。一般而言，測試時間約兩個小時。另外，學生還需花30分鐘完成一份約20多頁的問卷，回答有關個人閱讀習慣、環境、當年主科的學習策略等問題。

詳細資料可參考：

台灣PISA 國家研究中心網站 http://pisa.nutn.edu.tw/qa_tw.htm

PISA 官網 http://www.pisa.oecd.org/

計畫主持人、台南大學測驗統計研究所教授洪碧霞分析，PISA很重視企業界的看法，邀請業界共同建構未來公民的基本關鍵能力，所以強調應用工具、和想法異質的人合作，以及使用網際網路的素養。因為強調應用，所以題目場域很新鮮，涵蓋個人、休閒生活、未來工作和公共議題等，都要透過閱讀理解、清楚說明自己的立場和看法，或者言之有據。

二、強調閱讀素材的多元性

因為生活中得面對不同的閱讀素材，所以PISA閱讀測驗題目類型很多元，包括小說、個人信件、教育相關的說明文、公眾議題的官方文獻等以文字為主的「連續性文本」。這類文本通常比較長，內容具有通識性和全面性，從科普、史地、法律到文學、戲劇等。另外，還有表格、圖解、曲線圖、地圖、公告、廣告等「非連續性文本」，藉此引導學生回答類似新聞寫作的「何人？何時？何事？為何？如何？」等問題。

三、閱讀的基本核心能力是思考和判斷能力

PISA將十五歲青少年視為「準大人」，應該做好現代公民的閱讀準備。PISA試題有大量開放性的問答，沒有絕對的對錯，學生要自行根據文本，找到理由。台灣PISA計畫的共同主持人、成大中文系教授陳昌明表示，未來PISA試題重點會讓學生去解決一個未曾碰過的問題，「用既有的知識、經驗和技巧，去面對一個新的問題，所以找證據和推估的能力很重要。」

根據前花蓮教育大學校長林煥祥的研究，二〇〇六年台灣少年達到第四、第五級

老師每天考試，好像每天都在健檢，
但沒有時間去診斷、治療，
以為健檢做愈多，身體就愈健康。

閱讀能力的人數，佔全體比例為二成六，不到韓國的一半。顯示台灣孩子可以進行一般性的文章閱讀，簡單的問題釐清，但普遍缺乏反思和批判的能力。

PISA的背後，重要的不是「排名競賽」的結果，而是揭示了一個全世界教育的走向。它給台灣的啟示是：

●追求標準答案，強調精熟與反覆練習的教育模式，已經不能因應未來的挑戰。

●在一個google可以搜尋到所有「標準答案」的年代，教育該培養的是下一代搜尋、綜整資訊；正確解讀、判斷資訊、思考、表述觀點和意見的能力。

●重新思考「語文教育」的目標與重點，讓語文能力與生活應

（攝影／黃建賓）

用結合，將會是台灣面臨的下一波關鍵挑戰。

台灣的矛盾：用錯力氣的語文課

二〇一〇年《親子天下》問卷調查國中國文老師的教學現況與困難，希望與PISA的啟示對照，替台灣的語文教育找出盲點。調查結果發現，台灣的語文教育，從方法到目標，都和國際趨勢背道而馳。

調查顯示，儘管近八成的老師同意，國文科的基測考試所測的是學生的「整體語文能力」，「不會」出現教科書版本裡的課文和試題（見一九九頁，表1），但仍有高達七成五的老師認為，學生花時間好好背誦課本及補充教材，反覆練習測驗卷，就比較容易在基測得高分（表2）。

儘管國文老師們都同意，國中語文課最重要的目標依序為：培養學生思考判斷與解讀資訊的能力；培養學生聽說讀寫的能力；培養學生理解、運用書面語言的能力（表3），但在課堂上，將近一半的老師花最多時間完成的目標，卻依舊是幫助學生通過基測考試（表4）！

想要的，做不到

根據《親子天下》的調查，國文課的設計中，絕大部分仍是文意理解、詞語解釋、分辨形音義、修辭教學，其次是小考和背誦。最能夠訓練學生思考、判斷、表述能力的討論、分享、活動，在課堂中所佔比例卻偏低（表5）。大部分國三孩子都不喜歡「光聽老師講」，因為「老師不讓講話很無聊、想睡覺」、「不想整天一直待在死氣沉沉的教室裡」。

半數以上老師覺得國語文教學最大的挑戰是「學生語文能力低落」（表6），所以老師們準備更

【國中生閱讀力大調查】

矛盾：教育目標和方法不一致

表1：總體來說，您是否同意以下說法：國文科的基測考試不會出現任何教科書版本裡的課文和試題，所測驗的是學生的「整體語文能力」？

同意／非常同意　79.0 %　　不同意／非常不同意　21.0 %

表2：總體來說，您是否同意以下說法：如果學生花時間好好背誦課本以及補充教材，反覆練習測驗卷，就有比較高的機率在基測時得到高分。

同意／非常同意　75.0 %　　不同意／非常不同意　24.9 %

表3：總體來說，您覺得國中語文課最重要的目標為？（複選）

培養學生思考判斷與解讀資訊的能力　89.2 %
培養學生聽說讀寫的能力　77.5 %
培養學生理解、運用書面語言的能力　76.3 %
培養學生蒐集、分析、整合資訊的能力　59.4 %
幫助學生通過基測考試　45.4 %
其他　4.1 %

表4：總體來說，您覺得目前在國中國語文課堂上，老師花最多時間投入在完成哪項目標？

幫助學生通過基測考試　46.6 %
培養學生聽說讀寫的能力　21.7 %
培養學生思考判斷與解讀資訊的能力　15.9 %
培養學生理解、運用書面語言的能力　11.7 %
培養學生蒐集、分析、整合資訊的能力　3.5 %
其他　0.6 %

迷思：賣力教學，卻不見成果

表5：就您個人的國文課設計中，下列項目的教學頻率為何？（經常教/幾乎每堂課都有教的比例對照）

文意理解　99.0 %
語詞解釋　98.5 %
形音義　96.9 %
修辭　93.7 %
小考及其他考試　82.2 %
背誦　68.1 %
討論分享　63.2 %
做遊戲或活動　10.9 %

表6：總體來說，您覺得在國中，國語文教學最大的挑戰是？

學生語文能力低落　50.4 %
升學壓力使得教學無法正常化　18.3 %
只看考試成績的績效要求　13.1 %
學生不想聽　8.0 %
上課時數不足　7.6 %
其他　2.7 %

《親子天下》雜誌「2010年國中生閱讀」調查說明

《親子天下》雜誌「2010年國中生閱讀」調查係以郵寄問卷對國中七、八、九年級學生與國語文專任老師進行調查，執行時間為11月1日至11月19日，抽樣方法為分層比率抽樣法。學生部分共發出3,108份問卷，共計回收有效問卷2,215份，回覆率為72%；老師部分共發出1,048份問卷，共計回收有效問卷617份，回覆率為59%。

調查執行：《天下雜誌》調查中心吳挺鋒、白瑋華

多教材、用更多的考試來「提升」學生的能力。至少「全部背下來還可以拿到基本分」，是學生、老師和家長都相信的原則。但結果是老師賣力教學，卻因不見成果而更感挫折、無力。

「選擇題」式的標準答案教學主導了國文課，甚至是所有科目教學的內涵；國中教師普遍透過「考試」來「教學」。一位另類學校的創辦人曾經誇張的比喻：現在的中學，像是「有操場的補習班」；而補習班，反而比較像是「沒有操場的學校」。因為學校花許多時間用考試「驗收成果」，把學習不良的問題，交給了補習班處理。

師大國文系教授鄭圓鈴將考試比喻為健檢。去醫院做健檢，目的是了解身體狀況，應該針對不好的地方對症下藥，在飲食、作息上做改善。「老師每天考，好像每天都在健檢，但沒有時間去診斷、治療。一天到晚、每科都在健檢，考了半天也沒去解救，還以為健檢做愈多，身體就愈健康，」她分析得令人心痛。

當台灣的語文教育，或說是總體教育現場，都還在追尋「標準答案」，用反覆練習與背誦完成升學使命的同時，PISA國際教育評比的結果，無疑是給愛考試的台灣當頭棒喝。

國文教學不等於語文教學

所有對PISA有涉獵的老師、教授們都對台灣的教育憂心忡忡。

「台灣的教育不但和國際趨勢背道而馳，語文教育也和語言學習的理論背道而馳，」師大特教系教授洪儷瑜沉重的表示。她因做國中小補救教學，對閱讀著力甚深。「語文是一項工具，會形塑你的思考，語彙愈複雜，概念就會愈豐富，」她說。「但語文的基本能力，不能和文學的基本素養綁在一起，」她強調，語文課程的目標，應該是培養每一位公民「聽說讀寫」的能力。

洪儷瑜分析，兩岸四地的語文教育，台灣最有包袱，深怕我們的文化不見了。所以國中的語文課程花很多時間背誦文言文的修辭語意和解釋，把學生對語文的興趣都消磨殆盡。「不能為了保留文化，把全體的語文能力都降低了，」洪儷瑜建議，或許可參考西方的課程，將「閱讀與寫作」和「文學課」分立，各自有不同目標，培養「平民的語文能力」。

成大中文系教授陳昌明也提醒，欣賞文章固然重要，但更重要的是，培養透過語言去生活的能力。「我們不重視問問題，閱讀時要求學生寫文章大意和摘要，學生就照抄，沒有消化，不會用自己的言語來表達，」他說。陳昌明和許多大學教授一樣，都必須「接收」一批批被動學習、只追求標準答案的大學生。請老師提供參考書、蒐集資料、講話無厘頭、斷章取義、申論題只回答一句話，以為這樣就給了標準答案。「可是他沒有想法、沒有意見、沒有感受，沒有從這個科目學到東西，」陳昌明觀察。

標準答案的制式教學也綁住老師的思考。中央大學認知神經科學研究所所長洪蘭曾在專欄提到，一位老師把課文「星期天，爸爸帶我們去外婆家」，變成「哪一天，爸爸帶我們去外婆家？」以為改成問句就是啟發式，而不是問為什麼，讓孩子去想理由。

鄰近的香港，在二〇〇〇年語文課程大改革後，大幅提升學生的語文能力，在每一次的國際評比上都有顯著的進步；第一次參加ＰＩＳＡ的上海，也早就進行課程課綱改革。打開他們國中小語文課本，已經鮮少在強調形音義和修辭等記憶性資訊，而是直接提供各種開放性的提問，試圖挪移教師教學重點。

往回看台灣，該怎樣將走錯了方向的語文教育，拉回與世界同步？

我們的學生素質不是不好，是教學出了問題，
我們要有改變的決心，否則未來一定會看到苦果。

未來的改變：給孩子問「為什麼」的機會

當台灣的語文課陷入文言文比例、課堂時數多少、修辭該不該教、該稱為國語或華語的爭論時，亞洲幾個鄰國如香港、新加坡、大陸和韓國，已經接受了語文習得的過程，大幅改變語文課的教材和教法，他們的孩子也在各類國際測試評量中，嶄露頭角。

尤其，中國大陸近年來注重引導思考的靈活教學，讓許多參觀過的學校老師印象深刻。「我們不能置身事外，因為關係太密切。我們學生的素質不是不好，是教學出了問題，尤以國中最嚴重。我們要有改變的決心，否則未來十年會看到苦果，因為一年比一年清楚，」陳昌明很焦急的提醒。

台南市自行設計簡易版的 PISA Like，從全市二十所國中各抽一個國三班，讓學生在電腦教室做線上練習，並且請台南大學分析結果，做為教學改進的參考。

一位參加過測驗的國三女生說出很多孩

（攝影／黃建賓）

子的心聲：「看到那樣長篇的文章很害怕，真不知道從哪裡去找答案。」

台南市國文輔導團的老師王秀梗觀察，學生轉換圖表訊息的能力較弱，也不會對問題做重點性回答，「因為在課堂上，他們沒有機會問為什麼。」過去閱讀課有問答的設計，現在因為考試不考，「老師們就自動投降，」王秀梗說。她肯定ＰＩＳＡ的刺激，但也點出現場老師的困惑：不知道如何提問。

語文教育無法速成。儘管教育的大環境、結構無法立即改變，但在現實和理想中拔河的老師，可以在現場就改變單向講授的教學法。

提問式教學，進行高階層評論

提問式教學是眾望所歸的靈藥。這種提問不要求標準答案，也不要求找表面資訊，而是讓學生說出自己的想法和分析文本。推動提問教學不遺餘力的師大國文系教授鄭圓鈴表示，「大家還停留在給知識的階段，沒有人想到教能力。」老師很認真，會進入理解或發展解釋的階段，但常是老師一個人在說。「我們希望孩子可以形成自己的論點，」鄭圓鈴建議，小學就可以進行高階層評論，例如，問孩子贊不贊成？為什麼？當我表達意見時，我採取哪種方式？有沒有效果？恰不恰當？有其他想法嗎？

「但我們的檢核方式，還是讀書心得。順著作者的觀點，是一種依賴性的思考，」鄭圓鈴很無奈。而且學生會揣測老師心中的標準答案，會問：「我這樣說對不對？」他不敢質疑、批判，台灣學生都是乖乖牌，說不出為什麼反對或贊成。

鄭圓鈴開辦的「提問式教學工作坊」，培養出一批種子老師，嘗試以學生為主的各種教學可能。

貼近學生的生活經驗來提問

台北縣福和國中老師林雯淑的國文課，就充滿師生互動的火花。例如教孟子〈生於憂患 死於安樂〉一文，她讓學生先瀏覽課文，再用自己的話說出大意。然後抓出文本架構，請學生分六人一組，找出孟子用以證明其立論的三個例子，並且做出表格，分析他們成功原因、憂患的環境等，然後再分別報告。最後還要學生去找現代版生於憂患的例子。

教學八年的林雯淑表示，提問最重要的是確認這堂課要教給學生什麼？然後再想用何種方式讓學生駕馭文本，提問要貼近學生的生活經驗，而且分組討論特別重要。

她很少逐字講解，但改變教法五年下來，她發現學生比較有整體概念，想法比較多元。連最怕文言文的學生也反應，經過這樣的討論整理，較容易了解課文，尤其「對同學說的話比老師的還印象深刻」。她的部落格「國文好好玩」，也放滿她設計、孩子手腦並用、靈活有趣的作業和活動內容。每個週末，她還把八成為開放性問題的大陸中考（相當於基測）試題，選擇性讓學生帶回家當功課練習。

鼓勵閱讀動機

另外，持續鼓勵多元、通識性的閱讀習慣和興趣，也是一個可以很快執行的方案。二〇一〇年的ＰＩＳＡ評量特別強調閱讀動機，因為ＰＩＳＡ的報告分析和各種研究都顯示，閱讀動機是最能影響孩子閱讀能力的關鍵因素，重要性甚至超越家庭的社經狀況。「這是學校老師唯一能夠發揮影響力的地方。如果老師鼓勵學生閱讀，讓他們養成閱讀習慣，孩子會有更高的成就，」荷蘭籍的ＰＩＳＡ閱讀專家約翰．德容博士（John DeJong）在接受《親子天下》專訪時強調。

全世界都在搶救少年的語文能力，因為這是國力發展的未來式，也應當是國家大事。台灣的國中生對知識能侃侃而談，卻缺乏歸納推論、詮釋整合、評估批判的能力。更可悲的是，他們被沒有意義的考試和過時的學習方法，剝奪了珍貴的生活經驗。

ＰＩＳＡ的排名，應該要帶給台灣教育更多啟示與意義。

他山之石

上海小學，「活的語文課」震撼

文／張益勤

拿下二〇〇九年全球PISA閱讀素養冠軍的上海，他們的小學語文課擺脫了字與詞的研究，反注重「閱讀理解」，究竟「閱讀理解」的課堂會迸出什麼火花？老師們又要如何準備？

二〇一三年九月的上海，天氣和台灣夏天一樣炎熱，隨處可見的摩天大樓，阻擋了風的流動，像把人悶在城市裡。上海在二〇〇九年首次參加全球PISA閱讀素養測驗就勇奪冠軍，吸引全世界到上海取經，天下雜誌教育基金會也在這樣的機緣下，不顧悶熱的天氣，帶著二十名來自台灣偏鄉小學的老師到上海。這些老師都是積極的閱讀推動者，為了爭取到上海參訪，除了書面報告也經過面試甄選，甚至有人自費參加。對於上海，他們或多或少做了些功課，有初步的認識，但是親身走一趟，對照兩岸，還是給他們許多震撼。

第一站　新黃埔實驗學校

新黃埔實驗學校是一所民辦（私立）學校，這裡的孩子都是經過考試篩選的精英。上課的老師孟慧，是有二十年教學經驗的高級教師，觀課現場上的是五年級第一課〈快樂的杉樹林〉。「輕聲讀課文，邊讀邊思考，課文主要寫什麼？」學生大聲說出投影片上的「自讀要求」後，開始各自朗讀。三分鐘後，後排的學生舉手：「作者以他在杉樹林的生活，回憶他快樂的童年。」回答完問題，孟慧又要學生用看的，「觀察」作者是如何寫杉樹林。全班頓時安靜下來，每個學生用手指著課文，一字一句的在心裡默唸，直到孟慧點了前排的一個女生起來分享她看到了什麼？「作者用春、夏、秋、冬四個季節來形容杉樹林，」女孩流利的回應。

簡單看懂文章後，進入小組討論，要回答「你們最喜歡哪個季節的杉樹林？為什麼？」大夥兒吱吱喳喳，孟慧也到各組指導。喜歡秋天的小組先是一起唸了段作者描寫的句子：「葉子紅得那樣鮮豔，火紅火紅的，遠遠看去，好似一團團燃燒的火焰」，其中一名組員接著說：「這句話表現出了作者覺得，單說葉子是紅的，還不夠生動，所以他用了比喻句，把杉樹林的葉子比喻成一團一團燃燒的火焰，讓我知道，秋天的杉樹林，葉子是非常鮮豔的紅色。」

少了老師冗長的講授，學生自行歸納，原來秋天的杉樹林在作者眼中「紅葉似火」。

震撼1：學生能自己做課文賞析

「他們學生自己就把課文賞析講完了！」桃園縣自強國中國文老師陳慧賢，觀課後忍不住大聲說出自己的觀察，其他台灣老師也頻頻點頭。孟慧笑了笑，把功勞歸功於孩子的課前預習，老師只是引導。

在上海，生字與字詞的學習是低年級要做的事，到了中高年級，就要開始理解句子與課文。尤其學生課前預習就要查生字和解釋、自我學習，所以除非是艱澀的字詞，否則老師並不會刻意停下來解釋。「但是不論哪個階段，都必須『字不離詞』、『詞不離篇』，」新黃埔實驗學校小學部主任湯國平強調，生字不是死板板的分析部首和筆劃，而是如何應用，以及放在不同文章脈絡裡解釋。

台中市文武國小教導主任趙翠玉也發現，老師將文章架構帶入課堂，課文成了文本分析的範例，學生按照季節分析杉樹林的景色，「杉樹林到底美在哪裡？學生一但學會了，就可以用在寫作，」她感嘆，雖然台灣的課堂上也有教學生認識文章結構，「但是做得不徹底。」

當台灣的閱讀，多數還是學校行政主導的「活動」，上海卻早先一步把閱讀學習融入語文課，充分利用閱讀理解策略，培養學生文本的分析能力。

有三十年教學經驗的上海市語文特級教師高永娟強調，語文課不是文學課，應該要教導孩子如何運用語言，「讀得正確、知道人家在講什麼，然後才能學會欣賞。」上海的語文課希望培養學生自主閱讀時，也可以立刻掌握文章在講什麼？作者如何表達？

參訪的台灣老師對上海的教學方式嘖嘖稱奇。台南市文昌國小老師李佳茵坦承，台灣教師沒有系統性的分析文本，再加上零碎的生字預習和圈詞，想到什麼教什麼，反而讓課文顯得「碎屍萬段」。國教院測驗及評量研究中心主任李俊仁也認為，上海課堂利用「關鍵字」來捕捉文章大意，技

（攝影／黃建賓）

巧非常純熟。他建議台灣老師「忘掉課本！忘掉教師手冊！」回到文本，討論文章內容和作者如何表達，才是未來人才需具備的能力。

震撼2：探究型課程，培養研究能力

除了將閱讀納入正規的語文課，培養學生理解與分析文本的能力，上海為了進一步培養學生表達與建立論述，也在國中小發展「探究型課程」。這種類似台灣高中、大學生的專題研究，在上海卻是從小學一年級開始訓練。「家長覺得難，好像是給家長出作業一樣，所以一開始受到很大的反彈，」新黃埔實驗學校小學部主任湯國平表示。

探究型課程仰賴學生蒐集資料、相互討論，希望能培養學生發現問題、解決問題的能力。「像是有一堂語文課，上到鯊魚的牙齒可以把人一分為二，學生覺得很不可思議，我們發現了學生的興趣，就讓他們去蒐集資料，研究到底為什麼鯊魚有這麼鋒利的牙齒？」湯國平強調，探究型課程沒有辦法預先設定，老師必須依據學生的特點，引導學生發現問題，並且產生探究的興趣。他舉例，低年級學生適合用遊戲或是活動，激發探究的興趣，並且透過分組討論培養團隊精神；中高年級則可以結合課堂，培養創新精神。「曾經有一個二年級生，研究發現『米蘭』這種植物可以淨化空氣，就寫了封信建議市長多種植米蘭，還因此收到市長的感謝函呢！」湯國平驕傲的說。

探究型課程不是特定科目老師的教學範圍，而是透過班主任（導師）和各科教師的溝通與觀察，額外利用每週一節課的時間，引導學生設計解決問題的方法。雖然平均一週只有一節課的時間，但是上海延續了學科專業，並且替學生準備好做研究的能力，從發現問題到解決問題，增強學生的思考力，開拓眼界。

第二站　上海市大寧國際小學

校齡不到五年的大寧國際小學有許多年輕教師，包括這次上公開課的老師孫豔贇。

上課的課文是朱自清的〈揚州茶館〉，除了介紹朱自清，孫豔贇也要同學說說看「茶館」是做什麼的？學生閱讀後找到了關鍵句：揚州茶館裡吃的花樣最多，「茶館」自然就是喫茶的地方。為了營造情境，孫豔贇播放了一段「朱自清那個年代」揚州茶館吆喝聲，雖然揚州的方言讓人丈二金剛摸不著腦袋，卻讓整個課堂一下子有了揚州的味道。學生就像在茶館裡，邊讀課文邊想像著茶館裡的茶點，「都要流口水了，」一名坐在前排的學生笑著說。

其中一項特色茶點「燙干絲」，孫豔贇先是提醒學生注意這段文字的「動作」，接著播放影片，讓學生跟著影片一邊唸課文，一邊「動手做」，熟悉燙干絲的每個步驟：「先將一大塊方的白豆腐乾飛快的『切』成薄片，再『切』為細絲，『放』在小碗裡，用開水一『澆』，干絲便熟了；『逼』去了水，『摶』成圓錐似的，再『倒』上麻醬油，『擱』一撮蝦米和乾筍絲在尖兒，就成。」課程雖然緊湊，但是浸淫在揚州茶館的情境裡，每名學生在下課後都忘不了「燙干絲」這項茶點。

震撼3：老師寒暑假都在備課

「情境營造得很成功！彷彿身歷其境。」參訪的老師無不讚嘆孫豔贇的功夫，彷彿把古早的傳統茶館搬到了現代上海，「而且課程緊湊，完全沒有耽誤時間。」一聽到台灣老師的讚美，孫豔贇像是放下了心中的大石，她開心的詳述自己如何備課、觀課等。這下子，卻讓台灣老師們的心沉了下來。

上海的教師備課相當扎實，語文課也不例外。「我們寒暑假都在備課，」孫老師說。為了備課，上海的教師週一到週五都足不出戶，連台灣老師喜歡出國放鬆的寒暑假，也絲毫不得閒。「學校規定十年以上的老師可以交簡略版的教案，十年以下則要交詳細版，」所謂的詳細版，是連老師上課要講哪些話，都必須一句句寫下來，而且上課兩週前還要再交一次「二次備課」。聽到上海教師每堂課都要備課，參訪的二十名教師突然都低下頭。

會後，隨行參訪的國教院院長柯華葳，做了簡單舉手調查，這群已經非常積極的參訪教師，超過一半以上一學期最多備課五堂，而上海教師一學期要備四十多篇課文。一位台南市老師心虛的說，就算備課，也多是上課前一兩天的事，而且也不像上海有深刻的文本分析。有的老師寫教案甚至只是為了參加比賽，柯華葳忍不住直問：「老師，你們寫教案都在寫什麼？」

桃園縣的一位國中國文老師也自覺慚愧，坦承自己不夠用功，做不到每堂課都預先備課，造成她上課容易和學生聊開，話題扯遠，一下子打鐘下課，才發現沒教完預計的進度。她停了一下說：「如果有扎實的備課，應該可以減少上課的廢話。」

其實上海的備課還不只老師的自我思考、文本解讀，更透過每週一次的校本研修，每兩週一次的區級研修，以及每月一次的市級研修，邀請老師討論教材、教學目標，或是共享教學方法。中級以下教師每五年需達三百六十個小時的研習時數，即使是校長也不能少於兩百四十個小時。研習方式除了台灣較熟悉的「集體研討」，也有「分科帶教」讓優秀教師擔任新進教師的師傅，以及新進教師每週有五個半天必須「外校見習」。

除了各式研習，上海也嚴格實施入班觀課，予以評課、反饋。「有時候學校裡的骨幹教師也會推開門，就走進來了，」年資只有兩年的老師劉晶私底下說，她吐了個舌頭、有些無奈，「一進來，聽個十分鐘，這個老師有沒有備課？認真不認真？心裡就有底了。雖然他們不明講，但是這都關係著我的職涯發展。」

上海的老師對研習或是觀課都「沒有不配合，只有適應」。儘管緊張、不習慣，也得忍耐，因為從備課、觀課，到最後的評課，甚至是每名老師每上完一堂課就要交的「反思」，樣樣都關係著未來發展。能不能從教師分級制的初級教師一路晉升到高級教師，甚至是特級教師，這些評鑑制度，關係著位階、聲望，以及最現實的薪資。嚴謹的備課，以及背後整個掌握教學情形的組織，也讓人見識到中國大陸那隻「無形的手」，嚴密操控著每一個環節。

其實台灣的教師研習，也有規劃對應的組織單位，像是校內的領域召集人和共同備課時間，或是縣市政府的國教輔導團、教師研習中心，以及教師專業發展評鑑等，除了沒有政府和上級的嚴格監控外，和上海一樣，該有的都不缺。「兩岸的差別，只是台灣有沒有貫徹執行？」南投縣隆華國小教導主任黃艷芬私下表示。國教院測驗及評量研究中心主任李俊仁也贊同這樣的說法，他認為，上海做的台灣也在做，甚至更早開始，唯一就是執行力道不同，「因為我們是個自由的國家。」

反思：台灣比上海，輸在執行贏在創新

上海早台灣一步，將閱讀融入課程。他們脫離「字字」計較的文學性，開始教「閱讀方法」，培養學生語文的「應用」。為了貫徹這樣的理念和教學，上海透過市級、區級再到校級的研習，讓老師知道怎麼教接下來的篇章？班級經營有哪些方法？鉅細靡遺而且非常務實，不但沒有絲毫的誤差，也不容許

大陸教師分級制度

大陸的教師分級制行之有年，他們將教師分為3級：初級、中級、高級；另闢學術榮譽稱謂：特級教師、學科帶頭人、骨幹教師。

初級教師	大學畢業，執教1年
中級教師	❶ 擔任初級教師2至4年； ❷ 通過專業科目筆試； ❸ 論文
高級教師	❶ 擔任中級教師5年； ❷ 通過專業科目筆試； ❸ 論文； ❹ 面試
特級教師	❶ 具專業認可，有影響力； ❷ 目前上海市1到9年級的教師約有10萬名，其中在職的特級教師只有200多名。

任何「創新」，否則就會透過觀課和評課，向教師開鍘，無法在嚴謹的教師分級制裡流動，影響職涯發展。所以每一位老師都認真備課、參與研習、公開觀課、評課。

教師的競爭激烈，孩子的競爭也不輸給老師。上海沒有少子化的問題，反而有「爆班」的危機。每班四十人算是標準，一校一千人算是中型學校，而且學生人數還在增加。

為了脫穎而出，上海的學生上課非常認真、守規矩。包括在小一入學就要學好規矩「腳併攏、腰挺直、頭抬高、手放桌上」，唸課文也要「用手指著字」，完成老師在課堂上交代的任務，只需輕輕拍手，就要馬上抬頭挺胸、手放桌上，等候老師發號施令。有如軍事化的訓練，讓學生無論在哪間學校、哪個老師的課堂，都如出一轍。井然有序的課堂，似乎也變得過度「標準化」。

台中市文武國小教導主任趙翠玉看了上海課堂，佩服之餘卻忍不住懷念台灣，「我們的老師比較創新，教學方法百百款；孩子雖然頑皮，但是活潑。」

儘管佩服，儘管震撼，但沒有人想要把上海那套威權體系下的運作制度，以及高壓力的競爭氛圍，原封不動的複製到台灣。令人心急的是，上海學生的質與量，樣樣不輸給台灣的孩子，甚至是有過之而無不及。在全球競爭的現實下，我們的教育現場，實在也需要一些刺激、改變，吸納國際視野，截長補短，發展出適合台灣的教學模式，找回師生的學習效率與熱情。

走過上海，當飛機穿越海峽，一個半小時後，機長廣播即將降落桃園機場。「老師可以從自己的課堂開始改變，」柯華葳對第一線教師寄予厚望，期待這趟上海行除了開眼界，也能替台灣的教育注入活水。

實戰策略

戒掉皮毛式閱讀，用好提問練就思考力！

作者／李岳霞・張瀞文

國際或台灣的大型評量，都愈來愈強調與真實生活連結的「非選擇題」。如何教出能將知識應用於生活、具批判思考的學生？專家們提出的共同解方是「提問」，從問好問題開始，找回孩子的思考力。

過去老師回饋給學生的方法，就是努力將自己個人的閱讀心得與收穫全部說出來，期待學生能夠吸收。然而根據課後評量的結果，發現整堂課都使用「老師講，學生聽」的方式，學生的學習效果最差。

那們，究竟「思考、提問、討論」該如何融入教學，才能增進孩子的閱讀理解，同時提升學業能力？

哪些討論有助理解？扣住文章內容討論最有功效

俄亥俄州立大學研究團隊在二〇〇九年發表了一項針對「文本討論」的後設研究，將一般課室熟悉的文本討論分成三類：

第一種是「扣住文本」討論（efferent discussion）

文章的內容是討論的重點，學生只能針對文本裡出現的詞句和圖片進行討論、辯證、釐清「這篇文章或這段文字說了什麼？」而不是談他們對文本的感覺。

第二種是「感覺延伸」討論（expressive discussion）

這是課室裡最常見的討論形式，主要的提問是：「你對這篇文章有什麼看法？」「這段文字讓你聯想到什麼？」

第三種是「批判分析」討論（critical analytic）

討論的用意是辯證想法，學生來回推敲文本，談論作者、文章探討的議題，比較讀過的類似主題或文本（如《少年Pi的奇幻漂流》和《魯賓遜漂流記》）。這種討論最有利培養論證能力。

結果意外發現，最能促進「閱讀理解」的方法是「扣住文本」的討論。

但課堂上，這種討論反而較少，多數老師傾向詢問學生的感受，要求他們思考文章與生活的關聯，但若學生對文本的了解、掌握不夠，做這些延伸練習恐怕也是白費力氣。扣住文本的討論能確保學生理解自己的閱讀，唯有理解才能思考自己真正的感受或運用所讀的內容。

研究也發現，扣住文本的討論對於程度普通與中下學生的益處最高，也是縮短班上高、低成就學生閱讀理解差距的關鍵。但這不表示這種討論只適用於中、後段生，老師要能讓閱讀能力不同的學生一起討論，精熟型學生能藉由他人的提問，組織自己的想法；而弱勢型學生也能進入狀況，了解大家在討論什麼。

老師可以怎麼開始？三個方法，不讓討論失焦

方法1　揪同事一起先模擬

許多老師因為求學時欠缺提問、討論的經驗，不知從何開始。猶他大學教育學系教授潔妮斯・多爾（Janice A. Dole）建議，老師可以做的第一件事就是找其他老師組小組練習討論，可以針對課文的文本、補充教材或專題做扣住文本與批判思考討論，體驗「討論是什麼感覺，怎麼進行？」才能了解實際操作的狀況，更同理學生的感受。

方法2　營造能安心發言的氛圍

老師要清楚讓孩子知道合宜的發言與聆聽規則是什麼。很多中學生對於在全班面前發言有心理障礙，好不容易鼓起勇氣來發表自己的想法，卻有可能因為老師不經意的評語或同學的訕笑，而受挫不願再嘗試。因此老師要能接納不同的觀點、避免情緒性的評語（如：連這都想不出來嗎？）多多聆聽。若班上內向的學生居多，可先進行小組討論建立學生信心，再進行全班共同討論。老師的示範和處理會引導學生形成更積極、友善的討論風氣。

方法3　隨時協助孩子澄清但不主導

美國國家教學中心（Center on Instruction）的研究發現，有組織且聚焦的討論都具備以下條件：

- 對主題概念有持續的討論、提問和繼續追問，會比一來一往的「快問快答」更能增進理解。在實際的教學中，「提問澄清」是極重要的教學策略，但一般老師往往以為只要有提問，就能幫助學生澄清概念，其實這是極大的誤解。老師的提問若全部根據文章順序，且只提問表層訊息（如：日本

松下的創辦人是誰？他被稱為什麼？），儘管問答之間沒有冷場，上完課後，學生往往會迷惑「這課的重點是什麼」，也不能提升學生既有的理解。

- 精選能激發討論的文本，要能讓人提出有跡可循的推論，文本處理的議題要能提供多重觀點與詮釋。
- 問題的設計是可探索、可討論或有搭建學習鷹架的。老師可利用找一找（特別、重要訊息）、說出主要的（統整概念）、為什麼（解釋表層訊息）、想一想（分析深層訊息），以及你認為（提出看法並舉證說明）等閱讀策略來設計問題。除了用說的，老師還可以根據同學畫出來的概念脈絡圖，了解學生理解的層次。
- 對話的內容應該要聚焦在學生的思考歷程：所提出的結論是如何形成的，或解釋為何論點是合理的，甚至調整原先的結論、修正對文本事件或內容的解讀。

此外，老師要逐步把思考的責任分擔給學生，如果老師包下所有的發問，不管那些問題再好、再有深度，只有老師自己練習到「思考」而已，學生沒有練習到如何自己想出問題與提問。

如何提高學生參與度？三妙招，不同程度孩子都能參與

招式1　用專題方式提供難易程度書籍

當班上孩子閱讀程度不一，老師可為同一個專題（語文、非語文科皆可）提供不同程度的文本，讓每個學生都有機會擷取資訊、理解概念，譬如為還無法讀《西遊記》原典的學生慎選近代白話文版本，讓全班還是能一起討論小說的內容和概念。

招式2　與孩子分享自己的思考過程

老師可利用電子白板，邊讀邊寫下自己閱讀的疑問、聯想和思考歷程；順帶示範如何從文章找主要訊息的閱讀策略。美國密西根三火中學的八年級科學老師更進一步請學生在筆記本上劃中線，左欄寫下閱讀時覺得重要的資訊，右欄則記錄對於這個重點的理解、疑問或連結。這可以幫助學生理解在閱讀的過程中自己要主動做些什麼，這樣的紀錄也有助於後續的分組討論，學生思考過會更有信心發言。

招式3　把個人測驗換成小組測驗

為了讓學生持續有雙向反思，美國密西根州的沙林中學七年級社會老師，把隨堂個人測驗改成兩人小組測驗。學生要一起討論、釐清「問題在問什麼」，一起推理、決定答案是什麼，這可以讓他們持續有對話且觀察彼此的想法異同。

提問與討論比起讓學生面對一紙試題更能「增進學習」。因為自己想不到的地方，可以聽到別人的想法。學生程度落差大也沒關係，學生經過比較對照後，立刻能了解應如何表達才準確；因為必須要討論，所以比聽老師一直講更容易懂。在你來我往互相辯證的過程中，學生開始不會只關心答對或答錯，而是覺得被挑戰到，想再讀得更透徹，再思考得更深入。

翻轉教室，從「單向講授」到「雙向討論」

走訪台灣的國中小現場，其實已有許多老師改用提問教學，一改過去沉悶的「單向講課」課堂，也讓老師有意外的驚喜。老師在引導提問與觀察學生回應中發現，孩子可以思考的比老師預期

（攝影／張緯宇）

得更深更廣。苗栗縣致民國中國文老師梁語喬更發現，原本學習沒有成就、上課總是發呆的學生也開始參與課程。

從「講」到「問」，老師的準備工作只會更多不是更少。要問出好問題、教出有思考力的學生，必須在備課方式、教學技巧和教學態度上都有所改變。

備課方式：每道問題設計都應該回到文本

宜蘭縣岳明國小教師蔡孟耘分享，三年前她開始做提問教學，為了深入分析文本，每一課都看超過二十次，找出教學重點，對教師的教學專業成長幫助很大，對學生來說，也達到強調教學重點的效果。

蔡孟耘反省，她以前的教學中也充滿問句，但總是一開始很熱絡，後來愈問愈無趣。做提問教學之後，她才知道，教學中每道問題設計都應該回到文本。當教學目標明確，師生才不會在快節奏的提問中迷失。

提問再精實，老師每堂課還是要做結尾，統整學生簡短、零散的回答。

多年來協助國中老師做閱讀教學的台師大國文系教授鄭圓鈴建議，每一節課都必須有開始與結尾，老師在開始時向學生說明這堂課的教學目標，會做哪些事達成目標？下課前留三到五分鐘，提出三個問題請學生釐清，為教學做統整。

教學技巧：提問要回饋、善用教學工具加深印象

提問一道問題會引發各式各樣回應，如何給予回饋，是提問教學最困難的部分，也是關鍵。如果討論一直在表面，老師有一些技巧，可以讓討論熱絡。如：

學習單：新北市國中國文輔導團專任輔導員、福和國中國文老師許文姿，會將提問設計在學習單上，讓學生回去做。有所準備讓學生面對問題時更敢發言，也提供不善口語表達的孩子，另外的表達管道。

小組討論：當班級人數較多，或是你觀察到有幾個孩子總是沒有發表時，輔以小組討論，讓每個人有機會表達想法。建議在討論後才抽點學生回答。

和生活連結：「張曼娟小學堂」的老師就算教文言文，也會和孩子的生活做連結，例如教到「晨必盥 兼漱口 便溺回 輒淨手」，便會透過提問，問學生的生活經驗。

活動：梁語喬教文言課文時，讓學生自己閱讀文章，圈出不懂處，接著給學生十分鐘提問，她

有問必答。十分鐘後，輪到老師問學生課文內容。梁語喬發現，她根本不需要上課，學生問的正好都是她本來要教的，但是經由自己提問獲得的答案，比起老師講授的還讓人印象深刻，也讓學生感受發現知識的喜悅。

串連：老師必須在學生零碎的發言中穿針引線，架構出知識系統。如果是沒有標準答案的開放性問題，老師也要能夠讓不同的觀點「對話」。

教學態度：保持無知和好奇、標準答案是大敵

好的提問者具備開放的態度，如蘇格拉底所稱「有學問的無知」，承認自己的未知，願意迎接對話中出現的一切。

台中「千樹成林創意作文」創辦人李崇建認為，課堂探究思考的大敵，是老師隱藏著標準答案與鮮明對錯的意識型態。教學者必須知道，「我有我的價值立場，但更大的目標，是讓學生思考、提問、參與。」

經常和國中小教師合作，進行閱讀理解策略教學的新竹教育大學助理教授陳明蕾提醒，孩子有足夠敏銳揣測老師喜歡的答案，當你真的開放、沒有標準答案，孩子的思考才有機會開展。

比較具體的做法是，每個開放性問題都提供兩個以上觀點。「張曼娟小學堂」教師蔡盈盈曾針對日前大學生上課吃雞腿的新聞事件設計活動，讓每個孩子「演」不同角色：記者、吃雞腿同學、旁觀同學、老師等，每個角色都要表達立場，活動後才著手寫作。

要教出能將知識應用於生活、具批判思考的下一代，必須徹底改變教學，從單向的教，改為策略性引導的提問教學。這不是只要養成問「為什麼」就可以達到的目標，對老師、對父母都是莫大

的挑戰。

鼓勵學生發問，第一步是不要論斷問題好壞，國家教育研究院研究員吳敏而強調，同樣文本，文學家和科學家的問題不一樣，但都是好問題。第二步，對於學生提出的問題，成人要適度追問，例如讀完《小紅帽》，學生問：「小紅帽在想什麼？」你可以追問：「你是在讀到哪裡時想到這個問題？」儘量挖出他的思想。第三步，帶著學生分類問題，哪些問題是類似的、可以同時討論的？分類過程就在培養對問題的敏感度。最後，師生一起討論問題，討論不是為了找標準答案，而是「現在這些事情我們想得比較清楚了」、「我們有些暫時的想法了」。所有的結論都是暫時的，再看看書或許又有其他想法。反覆的討論，孩子會逐漸明白問題與答案之間的關係。

提問教學最讓人不安也最迷人之處是，就算你做了一百分的準備，課堂進行永遠不會照劇本走。如果我們期待能夠教出喜歡閱讀、能夠思考、善於提問、樂於探究的學生，那麼，就從每一堂教學開始，問好問題。

延伸閱讀

有效閱讀、閱讀素養一本通

鄭圓鈴著／親子天下出版

把學習的發球權還給孩子

編者的話

文／何琦瑜

成人們總是會說：「我們要教小孩如何釣魚，而不只是給他魚吃。」釣魚的成功法則可能有一百種，依照地形、水文、魚種、氣候有不同組合，學習也應該是如此。但我所看見多數家長和教師，強調的學習方式和學習價值卻仍然只有一種：透過「練習」取得「精熟」，鼓勵孩子「鐵杵磨成花針」的努力。換句話說，就像是把魚直接塞進孩子的桶子裡，叫他「不管好不好吃，吞下去就對了」！

於是乎，我們的學習過程中充斥著不斷重複寫不完的評量、自修和回家作業。我上國中的兒子曾經在寫評量寫到凌晨時發出「天問」：為什麼老師要叫我們寫這麼多次類似的題目？為什麼不能給我們時間，好好學會、想清楚一個有意思的題目？

另一個典型的例子是中小學的寫作教育。二〇〇七年，因為基測恢復考作文，在考試領導教學、有考才要學的教育氛圍中，家長、學校開始緊張的動員起來。在寫作課程已經從九年一貫課綱撤退的國小現場，學生開始恢復定期繳交大量的日記、周記、作文、心得。但是多數學校並沒有重新建構教寫作的課程體系：寫作教育的目的是什麼？是要奠基孩子什麼樣的能力？低中高年級各該教些什麼？如何搭配他們語文的發展階段和重點？哪些方法可以幫助每一個孩子，習得基本的寫作能力，而不只是關照有天賦的孩子？

在目標不清、方法沒有架構好的現況下，老師們只好拿起「多練就會、多寫就通」的舊招式，要求孩子們更頻繁的繳交寫作功課。依然不會寫的多數孩子，每寫一次，就挫折一次；一旁乾著急的家長們，只能一窩蜂求助補習班和額外課程。令人遺憾的是，這樣的「惡性循環」不只作文一科，因而造就出台灣蓬勃成長的補習產業。說得「激烈」一些，補習班，其實是反映學校教學失能養出的「共生團體」。

這真是一場「不教而殺為之虐」的殺戮戰場。只有「你說我聽、重複練習、考試驗收」這一種方式的學習，淘汰扼殺了多數孩子的學習樂趣與自信。許多孩子在這歷程中敗下陣來，從此相信自己「沒辦法學會」，也沒有在辛苦中體悟出「學會的辦法」。

學會「如何學」

一九九六年，聯合國教科文組織（UNESCO）首度揭櫫國際教育改革支柱，強調「學會如何學」，將取代「知道些什麼」，成為帶著走的終身學習能力。之後，世界先進國家紛紛採用「能力本位」，進行基礎教育的改革。二〇〇一年，鄰近的香港也提出未來十年的課程發展改革規劃，就是以「學會學習」，做為各領域課程發展的主軸和前提。在教學中納入「學習方法」的建構：建立學習目標、規劃達成目標的方法或策略、監控評估學習成效、根據結果調整方法，再繼續學習的循環。

美國紐約市立大學教育心理系特聘教授巴瑞．齊莫曼（Barry J. Zimmerman）透過有系統的研究，長期深入探討兒童、青少年和成人的學習動機和學習歷程，他將上述自動自發的過程稱為「自律學習」（self-regulated learning）。齊莫曼研究指出，高學習成就的學生，就是擁有並高度掌握「自律學習」的良性循環。齊莫曼更具體歸納，幫助學生發展出五種基本技巧，就能夠幫助學業學習上的進步，包括：一、更有效的規劃和利用時間，二、文章理解與摘要能力，三、學會做筆記，四、有效的預測考試內容並做準備，以及五、有效的寫作技巧。

齊莫曼強調，當學生能「學會學習的方法」，能感受到擁有學習的主控權，這就是內在動機的主要來源，也才能因此產生自發性學習。

《親子天下》曾多次探討報導「自學力」相關主題，希望提醒家長、老師和學校：在知識和資訊快速翻新、大量及免費流動的新時代裡，基礎教育需要更在意學生的「學習歷程」。好消息是，這樣的「自學能力」，不需要仰賴智商或天賦，任何人都可以靠著有系統的引導，建構出自己的學習模式；壞消息是，目前台灣太重視成績、標準答案和結果的文化，忽略「過程」的課堂，輕乎了「學會如何學」的重要性。

於是乎，很多年輕孩子到了大學才發現自己「不會讀書」：如果老師沒有給予限制好的題目、設計好的材料、完整的筆記和書目，學生沒有辦法自己提出有意義的學習主題，自己發展學習的路徑。他們在學校成為被動無奈的學習者，出了社會也有極高可能性，成為被動順服，無法發展自我潛能的半吊子。

把學習的發球權還給孩子，教孩子學會釣魚而不是給他魚吃。這些看似老生常談的說法，背後其實牽涉著大規模的學習革命。父母、學校和教師，應當重新翻轉思維，發展適合不同孩子的多元教學模式，引導學生建構對自己負責、終身有用的學習策略與技能，培養聰明有自信、主動的終身學習者。

專案學習，培養自學力

文／賓靜蓀

學校往往只教孩子「學什麼」，卻忽略的教孩子「怎麼學才學得好」。如何培養孩子從「被教」到可以「自我學習」、「終身學習」的「自學力」，已成為世界各國教育積極努力的方向。

全世界都在進行一場強調培養學生自學力的學習革命。

二十一世紀資訊開放的強大力量，已經全面顛覆人類對知識、技術和工作的傳統看法，教育必須幫助學生做好準備，面對這樣的劇烈變革。

- 資訊爆炸。加州大學柏克萊分校的「全球資訊調查」研究計畫指出，在二〇〇三年，全世界媒體、手機、網路創造出來的訊息約為五十億GB，相當於人類過去五千年來創造出的資訊量總合。
- 新技術快速產生。根據《寬頻新時代》一書，過去新技術每兩年成長一倍，到二〇一〇年，已變成每七十二小時增加一倍。
- 大量新知識被創造、被分享。透過網路，新知識不但被創造，而且可以免費分享，影響範圍遍布全世界。維基百科全書由全球的使用者上網參與撰寫，目前有二百八十七種語言的內容。哈佛大學、麻省理工學院等世界頂尖大學把課程免費放上網路，任何人都可以隨時學習。

- 新技術、新知識創造了新工作。新興行業以十倍速快速增加，許多新的工作內容和方式，以前根本不存在。

面對這樣一個超級複雜、快速變動的時代，學校不能再用十九世紀、二十世紀的方式教學，不能再要求學生劃線死背課本，因為學生在學校所學的技術、知識，到他畢業時很可能已經落伍、遭到淘汰。

三大領域，九大關鍵能力

全世界都在重新定義孩子在學校必須學習到的「能力」（competency）。能力不僅僅是知識和技巧，還包括態度和價值，才能面對未來複雜的挑戰。OECD提出在三大領域中的九大關鍵能力：

- 必須靈活利用工具：包括利用語言、象徵、文字的能力；利用知識和資訊的能力；以及利用科技的能力。
- 必須在異質性的團體中互動：和別人相處的能力；團隊合作的能力；處理解決衝突的能力。
- 必須能自律行動：採取對社會負責的行動；主導終身計畫的能力；維護權利、利益、權限和需求的能力。

這些能力互相關聯，必須整合起來，融進各階段的學習裡。這樣的學習是終身的、沒有止境。「終身學習不同於一般所謂的『活到老、學到老』，」台積電董事長張忠謀特別強調，終身學習不是「今天看看小說、明天看看唐詩宋詞、或隨便找一個人聊聊」的學習，而必須是「有目標、有系統、有紀律、有步驟可循」的學習。

張忠謀以自己的經驗舉例，先前全球爆發金融危機，他就把「了解金融危機」當成學習目標，然後有系統的尋找國內外如《華爾街日報》、《經濟學人》等資訊。他也強調學習的「紀律」：為了了解美國大選，張忠謀每天早上七點鐘，固定在跑步機上一邊運動一邊收看CNN的選戰評論節目，養成每天接觸的習慣。

換句話說，看似口號式的「終身學習」，其實牽涉了具體的「如何學習」的技巧，以及督促自己去學習、主動檢驗學習成果的歷程。

身為父母、老師，你一定期望看到這樣的孩子：擁有強烈動機，能夠自動自發，懂得採取必要的學習方法，並且自我反省，願意修正自己的方法；即使面對困難的任務或干擾（如吵鬧的教室、講不清楚的老師、愈讀愈不懂的教科書），會想辦法去克服，讓自己有更好的表現；即使學習成果不盡人意或經歷失敗，他們會認為是學習策略或方法錯誤，或練習不足，而不是自己的能力不足。

自律能力高低，影響學習成就

這種看似很籠統的「理想」學習過程，背後卻有環環相扣的學理支撐。

美國紐約市立大學教育心理系特聘教授巴瑞．齊莫曼（Barry J. Zimmerman）透過有系統的研究，長期深入探討兒童、青少年和成人的學習動機和學習歷程，他將上述自動自發的過程稱為「自律學習」（self-regulated learning）。

根據齊莫曼的定義，自律學習是自己設定學習目標，找出可以達成目標的方法或策略，監控自己的學習歷程，根據學習結果調整方法再繼續學習。

二十一世紀資訊開放的強大力量，
已經全面顛覆人類對知識、技術與工作的傳統看法，
教育必須幫助學生做好準備，面對這樣的劇烈變革。

研究自律學習超過二十五年的齊莫曼觀察，所有學生都嘗試用某種自主方式去掌控自己的學習和成績表現，但是在方法和自覺自信的程度上，有極大的個別差異。這個差別就在自律能力的高低。「自律學習的能力和智商無關，也不是任何學業上的能力，而是一種自我主導、將心智能力轉化成有助學習技巧的能力，」齊莫曼強調。因為學習有目標有方法，自律能力高的學生，通常也有比較好的成績。

自律學習的理論推翻過去的學習理論，認為「學習者用前瞻的方式為自己行動」，而不是把學習看成「發生在自己身上一種外在的事件」，被動的對它做出「反應」。當學生感受到自己是學習的主體，擁有學習主控權，就會產生自發性的學習，不需外在的督促。而且他們會將學會某種技巧看成一個系統化和可控制的過程，願意為自己的成就承擔責任。

「怎麼學」遠比「教什麼」重要

培養自學力，並不是「放任學生自己學」，要讓學生學會如何學，教師教學方法、評量和作業、乃至學校的設計，都需要徹頭徹尾的改變。

老師要以全新的方式和學生互動，以講課為主的教學已經不適用。強調自學力的校園，學生「怎麼學」，遠比老師「教什麼」重要。而「專案學習」（project-based learning）就是教學第一線老師促進孩子自學力最好的方式。

相對於傳統封閉式的學習活動，專案學習的每個專案，都和真實世界相關，而且整合不同科目，學生分成小組，運用科技，去解決一個具體的問題，最後還要公開發表學習成果。這樣開放活潑的學習，將抽象的學習內容轉換成具體的議題，引發學習動機，學生因此主動投入，願意深入探

（攝影／楊煥世）

▲美國加州紅木中學的老師帶領學生，透過動手做去學。

討問題，同時學到合作、運用科技、溝通等二十一世紀所需的重要能力。

專案學習印證了美國一句諺語：「告訴我，我會忘記；給我看，我會記得；讓我參與，我會了解。」愈來愈多研究和實例顯示，專案教學不是為了尋找正確答案，而是協助學生主動去探究、去找資料、去想辦法解決問題。學生喜歡、而且能夠從自己的經驗中學習，這樣的學習效果更能持續。

專案學習像燎原之火，重新點燃學生學習的熱情，逐漸延燒到全世界每間教室。

路易斯安那州蘭特瑞中學八年級的「汽車專案」，整合數學、英文和科學課程。四個學生一組，要計算出購買汽車的貸款，要創作一則汽車廣告文案，最後大家動手廢物利用，將壞了的CD做出一輛用氣球推動的小車。

紐約哈林區的莫特霍爾小學五年級學生在「風箏專案」中，要創作一首關於風箏的詩，寫一個以風箏為主題的故事，還要先用電腦把風箏設計好，最後自己動手把它做出來。他們不但大量閱讀、寫作，還學會比例原則以及電子磁場原理。最後，每個人還要深入調查風箏在不同文化慶典中扮演的角色。

亞洲國家，擁抱專案學習

不易擺脫傳統教學思維的亞洲國家，也開始擁抱專案學習。

日本京都市為培養學生自學自習的習慣，針對小學五、六年級學生，實施語文和數學的「綜合學習教育課程」，由於評估實施成效良好，也將拓展到中學一年級。

二〇〇〇年，新加坡已將專案學習全面列入教學內容。香港也於同時啟動新一波教改，將「專題研習能力」列為五年內要達成的四大關鍵能力之一。

專案教學並不是設計幾個花俏的活動就夠了，而是有系統的配合學校正式教學內容，提升學生的學習動機，再引導學生一步步自己去解決問題。成功的專案教學，需要老師的創意和合作。

所有從事專案教學的老師都同意，為了整合不同科目，每天或每週必須花額外時間共同討論，腦力激盪的結果不但有利學生，老師自己也受惠良多。「我們每個人在教學上都有弱點，專案教學讓我們的強弱互補，互相學習，」蘭特瑞中學的科學老師琳達．沃絲基表示。

有新世紀的老師，才有新世紀的學生。在二十一世紀培養自學力和其他多元能力的教育現場，老師已經不再是唯一的知識傳遞者，而是諮詢、組織、計畫教學活動的「教練」。老師必須先具備面對改變的能力和技巧。也因此，美國專案學習的主力推手喬治盧卡斯教育基金會（George Lucas Educational Foundation），以及許多教育相關的非營利組織，都將老師的專業發展列為核心工作，替老師設計了許多在職進修的課程，協助老師學習。

在德國也有一股老師學習熱潮。同樣強調自主學習的「克里柏教學法」，這幾年成為各階層老師的教學聖經。也是老師出身的漢茲．克里柏（Heinz Klippert）綜合自己的教學經驗，取法世界學習趨勢，發展出一套系統化教學法，藉著每週計畫方案、學習站等模式，提供學生更多機會去練習自主、學習方法（劃重點、摘要、視覺化）和溝通技巧。克里柏更強調團隊合作的重要。他教老師用隨機原則去安排學習小組，避免一般合作學習時責任分配不均、同質性太高的缺點。「克里柏教學法」已經被認可為老師在職進修的正式方案，並遍及全世界的德語教育界。

培養自學力的重任，不能只推給第一線的老師，更需要其他配套措施。前端的課程設計，到後端的評量方法，都要能與鼓勵自學的核心精神相互呼應。

專案學習印證了美國一句諺語：
「告訴我，我會忘記；給我看，我會記得；
讓我參與，我會了解」。

課程、評量設計，從頭改起

距離台灣最近的香港，二〇〇〇年開始啟動教育改革，把「學會學習」，做為整體教育改革的中心。課程發展議會頒布了十年的計畫與總體課程架構大綱，並立下中短期目標及四個關鍵項目：從閱讀中學習、德育與公民教育、資訊科技與ＩＴ的能力，以及專案研習的能力。二〇〇七年底公布的「促進國際閱讀素養研究」（ＰＩＲＬＳ）報告，香港四年級學生的閱讀能力，從十四名躍升到全球第二，遠遠領先台灣的二十二名。主要關鍵成功因素，就是政府從課程設計到教師培訓，一貫而有系統的改造。

走進香港中小學的教室，立即能發現老師們不再是傳統的「講授填鴨」式教法，他們把學習的發球權交給學生。目標設定、做筆記、摘要、自我評量的學習策略，融入在每堂課程的實際操作中。他們甚至改變評量的邏輯，用「加分」取代「減分」，正面激勵學生自我挑戰。

自學力，也需要更多元的評量方式。傳統學校教學只注重數學和語言兩種能力的發展，紙筆測驗只把考試的能力當成唯一指標。「每個學生都想把學會的本領表現出來，但不是每個人都會閱讀、會寫，有的學生會唱歌、有的會表演、有的很會說話，」美國杜瑞克高中的歷史老師保羅．葛利弗（Paul Grifo）長年觀察，專案學習就提供一個多元評量的機會。「學生如果能用他擅長的方式表現，他就會有動機繼續學下去，」葛利弗肯定的說，「我們的學生不但有考試的能力，還有組織力、領導能力。」

自學力革命，父母不能缺席

在這場自學力革命中，父母更不能缺席。

在重視和支持孩子的技巧發展過程中，父母扮演關鍵角色。只有父母、老師和孩子一起合作，才是最強大的學習關係。

各種研究顯示，自學力源自父母的期望，及對孩子學習和成就的間接支持。孩子在學校學到的某項學習技巧，例如數學解題技巧或閱讀、寫作技巧，必須投注大量時間，自己去練習。很多功課或作業必須在放學以後完成，父母可以在這裡著力。例如，協助孩子安排時間，減少競爭要求，並且獎賞孩子在技巧上的小小進步。當練習變成孩子日常生活的例行部分時，學習的技巧自然可以逐漸達到自動化的程度。

培養自學力，就等於替孩子備好強壯的羽翼，讓他無懼無恐的飛向二十一世紀的天際。教室裡每個小小的改革，都是社會之福。培養自學力是一個空前龐大複雜的任務，但是看到孩子發亮的眼神、躍躍欲試的學習欲，就是大人最好的回饋。

培養自學力，就等於替孩子備好強壯的羽翼，
讓他無懼無恐的飛向二十一世紀的天際。

自律學習，多練習學得好

焦點專訪 巴瑞．齊莫曼（Barry Zimmerman）——

採訪整理／賓靜蓀

為什麼有些小孩自動自發學得好？不用補習不用老師或父母催逼，他可以靠自己的意志力和方法，克服困難得到好結果？除了天賦異稟外，這種「自律學習」的能力和技巧，是可以透過學習得來的嗎？

談到「自學力」，一定要認識巴瑞．齊莫曼（Barry J. Zimmerman）。他是紐約市立大學教育心理學特聘教授，是談「自律學習」（self regulated learning）領域重量級的領導人物，曾獲得美國心理協會頒發資深科學家終身成就貢獻獎。齊莫曼透過有系統的研究，深入了解孩童與青少年的學習動機與學習歷程。他也著書論述，完整的呈現自律學習的架構，提出許多在課堂上或家庭裡的解決方案，讓父母和教師可以幫助孩子習得自律學習的能力。

在《親子天下》的專訪中，齊莫曼清楚的解釋「自學力」的關鍵研究與核心理念，值得每一個關心孩子學習的成人一讀。

一九八〇年代起，我開始對那些有自律學習技巧的學生有興趣，我想知道，這些技巧對他們可能遇到學習上的問題有沒有幫助。我們發展出一套訪談步驟，用一些假設和學習有關的問題去問高中生。例如，如果他們被要求在很短時間內寫一篇家族史的文章，他們會怎麼著手？如果功課做不完，拖到很晚，他們會怎麼處理？結果發現在解決技巧和反應上，學生的個別差異很大。

有些學生會提出很多辦法或點子，例如去採訪祖父母、去參考高年級學生寫過的文章；有些則只說「我要更努力」或「我會盡力而為」。前者會自己去安排、設計策略讓自己成功，或一再檢閱自己的作品、想辦法改進，這些個人資源（personal resources）跟智商或學業成績無關。但是後來發現，他們的學業成績的確比較好。再印證老師給的評語：他們比較能準時交作業，在課堂上也會問問題。這樣的結果讓我們更相信自律技巧對學習有重大影響。

自律是全面性的能力

自律學習技巧不同於考試時考高分的技巧，但是兩者有關聯。我們從研究中也發現，自律學習的各種技巧並非孤立，而是相關、互動的。我們也看到這是一種全面性的能力（overall capacities），有的學生很會安排組織，有的會自訂目標，也有的會檢閱筆記，還有的會主動尋求協助，這些技巧都結合在一起。

我們也注意到「動機」是很重要的成分。懂得自律的學生不僅會想辦法讓自己學得更好，也會在遇到困難或感覺疲倦時，想辦法讓自己提起勁來把事情做完。我們問學生，如果寫功課必須寫到晚上十點，他們會不會給自己一點獎勵，例如做完可以看電視等。有很多獎勵的方法，雖然對學習內容沒有幫助，但有助提高動機。這些學生也願意延緩獎勵，直到自己真正完成預定的功課為止。儘管這樣的自我激勵，是用來幫助自己做完工作，但最後也對學習成果有正面影響。

不過，這些自律技巧在學校裡並沒有教。我們在一九九五年替中學老師發展出一份特別的教學手冊，說明某些技巧在學校某些課程裡可以教給學生：例如時間管理和規劃技巧、做筆記技巧、寫作技巧、理解文章和摘要的技巧（閱讀技巧）、預測自己的考試成績和準備考試的技巧等，但是高中老師推給國中老師，都說我們不教這些，或說沒時間教。

自律學習，打好未來基礎

這份教學手冊最近倒是被德國小學四年級的老師採用，結果很成功，尤其教導孩子運用時間管理技巧去安排自己寫功課，特別有效。一些德國工學院學生也在學習這些技巧。

現在，全世界對自律學習都開始感興趣，因為自律學習的結果很強。而且大家開始理解，要替學生做好未來工作的準備。在二十一世紀，工作的難度提高，五年之內不管是企業結構或任何所處的現狀，改變都會很劇烈，如果一個人不懂得自我學習、終身學習，工作可能就不保。要如何準備好終身學習，變成最重要的課題。

我也研究自律技巧對運動表現的影響。我們發現，把目標放在過程的學生，表現比把目標集中在結果上的好。以練習投籃為例，比起只注意要投進幾球的學生，那些不管進球數、把注意力集中在投籃策略的學生（例如如何彎曲膝蓋、扭腰等），表現反而比較好。

學習的時候也一樣，如果學生先專注在有效的策略（學習方法），這些策略運用自如以後，到某個時點，熟練的技巧就會自動轉移到結果上，這樣的學習結果最好。

我們這幾年接受聯邦政府委託，和紐約的技術學院合作。這類學院的學生是學習能力最差的，有八〇％會輟學。我們協助老師在課堂上教導自律技巧，也發展出一套「自我反思法」（self-reflection methods）幫助學生有效學習。在數學課上，我們固定給他們測驗，發現他們完全不重視老師的回饋（也就是考試成績），通常會把考卷丟進垃圾桶。我們也發現他們在數學方面的自我判斷力很差（根本不知道自己懂什麼、不懂什麼）。考試前，請他們預測自己的成績，他們通常會高估自己。也就是說，他們考前很確定自己知道答案，但事實上是錯的。他們反思自己學習方式的能力很低，所以他們也不知道要怎麼準備考試。

從錯誤中學習，效果加分

我們要求他們更有效的去看待老師的回饋和評語。因為他們考得很差，所以會覺得這種回饋是一種對自己的處罰。但是我們希望他們從自己的錯誤中學習。自我反思法就是考前先要他們預測自己能考得多好，考後再讓他們回想一次。如果考前的判斷錯誤，我們提供一個補償機會。他們要修正自己算錯的數學題，而且要解釋為什麼會做錯，然後再解同一類型、但內容不同的題目。如果這幾個步驟都做對了，我們就把他在考試時被扣掉的分數加回去。所以他們了解到，如果能從自己的錯誤中學習，對自己是一種加分。學會這種自我反思法的學生，數學成績慢慢變好了。

另外一個發現是，獎勵辦法很重要，尤其把考試時被扣掉的分數再加回去，對學生的意義更為重大。很有趣的是，老師們反而不太願意把分數再加回去，因為擔心學生「不會在第一次考試時就全力以赴！」

老師當然扮演重要角色，因為他們是學生學習的典範之一。但是我們發覺，很多老師還是倚賴講課（lecturing）的方式。從自律學習的角度來看，講課並不要求學生用他們的知識，只需被動的聽講。但除非學生自己動手去做，他們不會知道自己懂或不懂。面對缺乏自律技巧的學生，講課更無法傳遞任何知識。有時候我們鼓勵老師「故意」犯錯，目的是讓學生發現、並且修正老師的「錯誤」。因為我們認為錯誤是一個學習的機會，並不代表能力不足，重要的是能解釋錯誤，並且能修正。但老師儘管都同意這樣的說法，卻做不到，他們很難在學生面前「犯錯」。

熟悉自律，自我判斷力愈高

在學習任何一項新技巧時，人通常不能判斷自己做得對不對，所以我會強調在設定目標時，要著眼在過程，而非結果。好老師會教學生注意過程，尤其在開始的階段。因為如果你讓孩子持續以結果為目標，使用錯誤的學習策略，一段時間以後，他們的學習曲線就會下降，漸漸就喪失了興趣。

很多教學法能幫助學生自律學習，專案教學是其中很盛行的一種。最重要的是，學生最後能否正確判斷自己的學習成果。所以，我們總要求學生持續做自我紀錄。在專案教學時，老師可以用每天的小測驗或日誌，去讓學生看到自己的進步或每天完成了哪些功課、作業等。很多自律技巧需要練習，就像數學一樣，如果從紀錄中看到自己每天學到哪些技巧，對學生來說幫助很大。同時也有助於他們的自我判斷。

家長的支持也很重要。即使老師不介入，家長仍舊可以協助孩子管理分配自己的時間，或學著寫摘要等。其實有自覺的家長平常就持續在引導孩子這些技巧了；或者協助孩子理解回饋的意義，幫他去改進。

實戰策略

親師雙管齊下，提升自學力

整理／李佩芬

如何激發孩子的學習動機，把學習的發球權交給孩子？親師合作，家長掌握四大要素，老師秉持五大策略，重燃孩子對知識的渴望火苗。

培養自學力，是把學習的主動權還給孩子，而不是放任孩子不管，父母適當的引導是必要的。想要從根本上強化孩子的自學力，家長可以從生活面著手，掌握家庭氛圍四大要素：

一、自主、自律的生活節奏

穩定的家庭生活，有助於孩子的身心健康。除了攝取均衡早餐、多運動、盡情的玩之外，最重要的是養成規律的睡眠習慣以及固定的讀書時間。由於每個孩子的學習風格都不一樣，必須先幫助孩子認識自己，根據自己的特質和需求，找出適合的學習節奏，同時對自己的學習步調有足夠的控制權。決定每天什麼時間寫功課，一回到家就寫？還是等吃完晚餐？一旦自我決定的程度愈高，動機也就愈能內化。

此外，只要是孩子自己的事情，儘量由他獨立完成。藉由賦予責任和義務，例如：整理自己書包、打掃自己房間、準備明天上學該帶物品、或幫忙做家事等，讓孩子對生活和行為有更多主導權，增強自我管理的能力。

二、建構不求競爭、支持性的學習氣氛

在環境安排上，要考量光線、空氣、色彩、溫度等因素，讓孩子能不受干擾的學習。同時，家庭若能建構一個充滿信賴、強調自我成長而不求競爭的學習氣氛，可以啟動孩子「為學習而學習」的內在動力。

至於辭典、地圖、百科全書、圖鑑、地球儀等參考工具，應該放在隨手可取得的地方。只要遇到不懂的字彙或問題，教孩子先利用周遭的工具書找解答，因為主動探究的能力是自學的根本。如果在辭典裡找不到解答，就試用別種方法，例如查百科全書或上網找答案，父母只在必要時提供協助。將辭典裡查過的頁面貼上標籤，隨著查閱的次數增加，辭典貼滿了標籤，孩子也目睹了自己的成長。這種下工夫解決問題所得到的滿足感，會深深的留在記憶裡，要比大人直接給答案來得持久。

三、打造成功經驗，現學現賣

無論是在哪一個學習領域的成功經驗，都能幫助孩子增強自信，激發學習動力。不妨多觀察孩子在哪方面表現得不錯，找出孩子的長處，加以強化，讓孩子體驗「我做到了！」的喜悅。

如果能把所學的成果運用在實際的生活中，也是一種強化的方式。例如，低年級的孩子學會拼音和常用國字後，可鼓勵他們寫封短信給朋友或親戚，或者寫文章投稿，體驗學習所帶來的實際成

果。當孩子意識到自己是有能力的，學習起來會更有自信，就算遇到問題也比較願意去想辦法克服。

四、啟動好奇心，分享美好的經驗

與其老是抱怨孩子不肯主動學習，不如嘗試從孩子最感興趣的事物著手。只要孩子真的想要了解，學習就能持久深入。

除了課本外，生活中到處都是學習的觸媒，可以和學校教的東西相互呼應。例如：在家幫忙分東西的過程，可以學到除法和分母運算；坐火車的時候，打開地圖，看看火車目前行駛到哪一站，熟悉相關地理位置。甚至，將孩子期待的年度家族旅行交由他負責執行，舉凡旅遊地點、詳細行程表、上網訂票等，藉此訓練孩子蒐集資料、選擇使用學習工具的能力。

一有空，也要多和孩子共同分

（攝影／張緯宇）

享美好的經驗，像是參觀天文館、科博館、欣賞藝術表演等。偶爾讓孩子充當父母的老師，更能提高他的學習興趣。

早稻田大學校長白井克彥建議，父母可用「發球策略」——多問孩子「為什麼」，引導孩子去思考問題背後的原理，這樣他獲得的往往遠超過答案本身。

自主的課堂，師生共同參與

在學校的場域，國內外多項研究也顯示，「學習策略」對中等成就程度的學生受益最大。程度好的學生，很容易發展出自己的學習方法，未必需要老師教。但研究發現，程度中等以下的學生，透過學習技巧的教學和訓練，能有助於提高學業成績和成效，彌補學生因認知能力不足而造成學習不利的影響。

成功大學教育所教授程炳林，曾經在台北市螢橋國中做過方案研究：把國二各班倒數最後兩名的學生挑出來，利用自習課教他們閱讀策略，一個星期兩次。進行十週之後，這些後段的學生，成績竟可以拉到中間的程度。

研究自學力多年的程炳林認為，把課室建構成一個「精熟」（mastering）的課室，是教師提升自學力最重要的工作。在精熟的課室裡，孩子讀書是為自己而讀，強調自己有沒有進步，而不是跟別人比較輸贏。也因此，整體氣氛允許犯錯，因為錯誤也是自我學習的一部分。精熟的課室，會讓學生覺得學習是有價值的，他們會願意為了增進自己的能力，投入努力，而不是為了外在的誘因或獎賞而讀書。

研究指出，如果學生置身於注重「學習過程」的環境，會比在一個處處對學習成就做比較的環境、強調競爭、分數、輸贏的「表現課室」，更努力、更願意付出，也更自動。

精熟的課室，強調要引導學生自己設立目標，並往自己的目標邁進。教師必須仔細檢核學生的目標，鼓勵學生稍微超越原有水準，擬定合理又具挑戰性的目標。

《自主的課堂》一書中，提出五個師生可以共同參與的策略，讓權力和責任從教師逐步轉移到學生：

1 **提供選擇**：讓學生對教學過程（如課程內容、授課方式、評量、紀律等）有選擇機會，可以大幅提升學生投入意願。

2 **吸取學生的回饋，並給予反應**：經常問學生他們怎麼看待你的教學法？哪些是他們特別感興趣的題材？如果教師肯傾聽學生的意見，並且協同學生規劃活動，學生會比較願意投入精力達成目標。

3 **和學生共同建立教室規範**：專家證實，大部分學生渴望主導常規的程度，就和教師一樣強烈。

4 **讓學生主導學習活動**：以學生為中心的教學法，給學生機會尋找解答。

5 **讓學生有自評的機會**：如果學生能反省學習成果，不僅對學習有責任感，還能持續關心學習成效。自我評量讓學生體會到：學習成果和態度，其實掌握在自己手裡。如果教師要學生自評分數之外複雜的項目，學習檔案的製作效果很不錯。

然而，一個強調自主學習的課堂，並不代表教師就可以「免責」。研究學習策略的國立台北教育大學校長張新仁便提醒，學習責任應該要逐步遞移，剛開始還是老師給得多，負得學習責任比較多，逐漸給學生支持性鷹架後，慢慢轉移到最後由學生獨立自主學習。

研究發現，程度中等以下的學生，
透過學習技巧的教學和訓練，能有助於提高學業成績和成效。

她也建議，老師要詳細解說並示範每一個步驟，還要示範如何將策略應用於不同的學習情境。多方舉例和練習，示範和練習的例子最好能涉及不同領域，學生日後比較能衍生應用。

成功的經驗，是穩固學習的基礎。張新仁強調，老師應該選擇實用且教得會的學習策略，並且讓學生實際體驗使用策略後的好處，改變學生原有的歸因和想法，激發學習的意願和使用策略的動機，把學生原本「我學不好因為我很笨」的成見，改變為「只要我使用正確的學習方法，就可以學得好」的信念。

（原各篇章作者／陳念怡・何琦瑜・張瀞文・林玉珮）

實戰對策

七原則，打造全局式學習

文／何琦瑜・李岳霞

受夠了要反覆記憶那些被踩成考試的大小零碎資訊嗎？
難道學習一定要從「乏味」開始嗎？
哈佛大學教育學院資深教授大衛・柏金斯，在他的著作《全局式學習》中，
提供教學者以及關心學習的父母，一個嶄新的視野與可能。

哈佛大學「零點計畫」的創辦人之一，從事學習、思考和創造力的研究已經超過二十五年的哈佛大學教授大衛・柏金斯（David Perkins），在即將出版的新書《全局式學習》一書中，用打棒球譬喻他心目中「全局式思考」。他解釋，正規的學習有兩大僵固的傳統做法，不論學習任何主題，都從「元素優先（element first）」，和「學習事實（learning about）」開始。

所謂「元素優先」，就是先學習各個元素，然後將元素整合起來，逐漸加速進入複雜的主題。如同運用裝配線的概念，先學會加減乘除等「元素」，最終才運用這些元素解決有意義的問題；先學會單字和文法，然後才學閱讀和寫作。柏金斯將過度、嚴苛運用「元素優先」的正規學習現象，稱之

為「元素狂」。

「學習事實」，則是廣泛被運用在社會、歷史、自然等學科。學習記得一定量的事實，記住法國大革命和美國革命的資訊、記住行星的位置和牛頓各項定律……，但所有的事實都只是「背景資料」。學生從此得到的理解非常有限，記住事實的過程中，也沒有辦法賦予啟迪的作用。教師們花極少的時間讓學生演練這些理論，無法與實際生活發生關係。柏金斯將這種病態稱為「關於狂」。

就好像打棒球需要練習揮棒、接球，但是讓孩子們有效學習棒球的途徑，並不是頻繁練習這些「元素」就足夠，也不是記住各種球術、打擊率等相關「事實」，而是先讓孩子們在後院打一場「簡易版」的全場球賽。因為了解並經歷過棒球全場的激烈和趣味，於是再回頭練習接球、打擊、跑壘……，就變得更有意義。如果花時間拚命練習打擊，卻不知道球賽的全貌，誰還有意願做無聊的練習？

「我必須承認即使是元素狂和關於狂，在一定程度上，仍舊有所助益。在低度開發國家，從幾乎一無所有開始，傳統的直接教學可以有相當大的效果……對『元素優先』和『學習事實』的不滿，不是因為他們一事無成，而是我們應該更有成就才對，」柏金斯強調。

七原則，接近複雜的學習

全局式學習說來簡單，但面對實際的複雜學科，例如數學、閱讀、自然科學……，該如何開始？柏金斯在新書中提出了七個原則，並且佐以他的研究與實證經驗，證明「全局式學習」在任何主題都是可行且必要的「新學習途徑」。七項原則分別是：

一、掌握全貌（Play the whole game）

以問題為根基的教學，以及設計「簡易版遊戲」，是掌握全貌的關鍵。教學者不是直接給「答案」，而是讓學習者參與從形成假設、解決問題、解釋、申論到證明等歷程。

例如美國教師獎得主肯娜，就曾經設計「水球高空彈跳」的活動，讓學生學習代數。他讓學生分成小組，用不同重量的物體吊在鬆緊帶下，測量彈性，利用代數的原理寫出公式，觀察並說明重量與鬆緊帶被拉長的程度。接著讓學生從屋頂把水球往下丟，利用他們的方程式來預測，水球會下墜到什麼程度，離地面多高。

涵蓋全貌的學習，讓學生就所知的事物往前推進、深入思考。例如帶著學生讀一篇報紙社論，用半小時的時間做完整、有意義的思考與討論，比傳統背誦記憶的過程，更能幫助學生建構自己的知識系統。

二、讓這個課題值得學習（Make the game worth playing）

挑剔的學生偶爾要問：「我們學這個做什麼？」老師最常見的回答卻令人洩氣：「你以後就會知道了！」、「考試會考這個！」

創造「連結」是產生意義最好的方式。讓學習的主題，充滿「合用」的知識，能夠與未來的趨勢和應用連結，而非各自分立。創造值得追求的賽局，幫助學習者深度理解、進行有意義的選擇，才會增加他們的內在動機與參與。

我們今天的學習，
並不是為今天，而是為後天做準備。
老師應在教學中創造「轉移」的經驗，
讓學生有「學以致用」的能力。

三、進行困難的部分（Work on the hard parts）

僅僅經歷「全局」，無法學得透徹，也不能精益求精。真正的進步有賴拆解這個「遊戲」，挑出困難的部分，給予特別關照。另外多加練習，想出策略克服，然後迅速將它們重新統合入整體遊戲，再練習打擊！

柏金斯強調：正規學校教育都會花相當功夫在困難的部分。不過，這類的努力通常都不夠，而且不是因材施教。考完試或交功課後，通常會收到這樣的評語：「九十五分」、「七十分」、「論點佳」、「需要進一步證據」……，但這些均不足以有效診斷出困難的部分到底難在哪裡，也沒有機會修正調整。有效的學習需要對症下藥，建立正面的回饋系統。

四、客場比賽（Play out of town）

就像棒球隊需要離開主場，到其他地方比賽一樣，新環境可以促使球員調整並擴展他們的技巧與視野。學習也是如此。正規教育最主要的目的就是為其他時地做準備，而不只是在教室裡表現良好。我們今天的學習，並不是為今天，而是為後天做準備。老師應在教學中創造「轉移」的經驗，讓學生有「學以致用」的能力。

研究顯示，當學習經驗注重對問題的深度思考、廣義歸納，與找尋可能的關連性時，高階轉移較可能發生。

五、發覺隱藏的層面（Uncover the hidden game）

任何複雜且具挑戰性的活動，表面下總還隱藏很多層面。就像棒球與物理學，均有其統計的一面，均有其策略面，甚至有其政治面。

當學習者不知道或忽略了學習的「眉眉角角」，多數時間就可能只花在體驗和練習表面功夫上，不僅沒效率，學習者也看不到學習的樂趣。隱藏的層面，正因為它不是那麼容易被發現，其原則也和日常一般因果關係的概念截然不同，需要花心思去發覺體會。一旦了解隱藏的元素是什麼，甚至可能改變學習者詮釋課題的角度，改寫學習的策略。如果我們能幫助學習者統整問題背後的基本原則、因果關係，注意整體策略考量，讓他們的學習得以「深入」，他們就有機會見證學習豐富的樣貌，找到學習的樂趣與動力，了解為何與如何學習。

六、跟團隊及其他團隊學習（Learn from the team...and the other teams）

未來世界很難只跟單一來源、單一內容資料、或只跟一位老師學習。「學習社群」將是愈來愈重要的學習趨勢：同儕之間，甚至更年長的學長、學姊，都有可能成為學習請教的對象。某種程度上，跨齡指導也許更能貼近學習者的觀念與困惑，且能建立友善融洽的學習氛圍。老師之間，若能定期到別班觀摩教學，或和同事組學習小組，一起分析討論學生的作業，這種切磋也能為教學與自我成長帶來新的視野與動力。

七、學會學習（Learn the game of learning）

除了學習，我們更需要「學會學習」：設定目標、擬定策略、檢閱成果、改進再出發……。我們要幫學習者規劃全局式的學習經驗，但不涉入太多；從一些小地方就讓他們體驗方向盤在自己手中的滋味；我們希望能為他們創造門檻經驗，面對這樣瞬息萬變的世界，學會學習，也許是我們最需要學習的一件事。

我們應該想辦法讓學生看到學習的全貌外，也提供他們對未知的想像空間；在基礎教育上應多以過程為基礎，而不是以命題為基礎。也就是說，學生要能夠在未來社會上生存，不能只會考試，要能夠全局式的學習與思考，才可能跟得上明日變化多端的節奏。

延伸閱讀

全局式學習
大衛・柏金斯著／親子天下

（攝影／楊焕世）

重寫優秀的定義

編者的話

文／何琦瑜

「你在班上第幾名？」在我面前的是個十三歲男孩，以前常跟我兒子玩在一塊兒的小朋友。自從我們搬家後，好久不見了，路上開心的偶遇，沒想到這是他跟我們聊天的第一句「問候語」。

我試圖岔開話題，關心他成績以外的生活：「你們學校好玩嗎？」「有沒有參加什麼有趣的社團？」沒想到他自言自語的繼續分析：「我們國中競爭力很強，我以前在小學班上前五名，到這個國中很辛苦才能擠到前十名，但是我們老師說，我們的前十名都可以到ＰＲ九五，到隔壁國中就已經是排名前三了，但是我們班也有程度很差的學生，你知道嗎？有人英文竟然只考五十分！五十分噎！所以我們老師說，這次要拚校排，就要更多學生考一百分，才能把平均成績拉回來了……」

這樣的話題持續了許久，他沒有注意到我們無法對話的社交尷尬，而我也恍神的聯想到一些我所認識的、優秀的中年朋友們：他們多數讀過國內外最好的學校，什麼都知道，就是不知道如何與另一半相處；不知道如何帶給別人和自己幸福。他們是組織裡的孤鳥，事業與前途不是卡在自己的聰明才智，而是卡在沒辦法與人分享、合作、協調、溝通。

我無意要標籤化這個男孩，但是他的確讓我聯想到許許多多，我們功利的教育體系，培養出的

「主流精英之人生瓶頸」。

正向心理學之父馬汀．塞利格曼（Martin Seligman），在大學開課時，曾經問學生：「你最希望你的孩子成為什麼樣的人？」多數人回答：「幸福快樂、擁有健康的人際關係、能面對挫折困難……」接著，他又問了第二個問題：「那麼現在的學生，在學校到底都在學什麼呢？」答案是數學、語文、地理……我們希望孩子得到幸福，卻很少花力氣研究、培養，如何得到幸福的「關鍵能力」。我們讓短期、量化的「科目學習績效」，成為孩子人生唯一的關心。

曾在哈佛大學開設「幸福學」課程，創下史上最多人修課記錄的教授塔爾．班夏哈（Tal Ben-Shahar），在《親子天下》的專訪中，分享了許多值得家長思考的教育價值（見二八〇頁）。

譬如，所有的研究都指向：「事業成功」和「你有多快樂」，沒有必然的關係。幸福的關鍵能力之一，就是和人發展深度並有意義的關係。寂寞才是不幸福的主要原因。而下一代孩子最大的挑戰是，科技剝奪了他們與真實世界互動的時間和機會，使得現代孩子的同理心比二十年前的孩子明顯下降。僅僅聚焦於成績的學習體系，犧牲了孩子們發展精神靈性、體能、人際關係和情緒的全人教育。這也使得他們更容易憂鬱，更不容易得到幸福。

狹隘的精英定義

每位家長和教育工作者，都希望培養出「成功、優秀、幸福」的下一代。但談起「成功、優秀與幸福」的定義，整個社會都只能依賴分數、科系、學校的傳統標籤。

某國立大學校長在一次研討會的公開發言，具體而微凸顯了這個思惟的狹隘。他先提到，醫科有人才錯置的問題。因為「中等人才」行醫已經足夠，真正的優秀人才應該去從事醫學研究。他的第二個觀察是：優秀人才都去念理工科系，造成文法商頂尖人才缺乏。目前政府裡擔任治理工作的人，又都是文法科背景居多，所以國家的資源分配和公權力，都不是由真正「頂尖人才」所掌握。因而這位校長推論，這就是目前台灣最大的人才隱憂。

這段發言的字裡行間，透露出太多落伍的傳統框架。其實文法商或理工，適合做研究或走臨床，應該都是「不一樣的智能和特質天賦」。不應該用「孰優孰劣」評斷之。多元智能談了至少二十年，從事教育工作的大老還一無所知，難怪台灣大學教育要崩壞，大家都鼓勵大學教授去製造論文，只因為他們認定「做研究比較優秀」。

這背後還亟需釐清和探討的是，有治理能力的「頂尖人才」，根本不是單看大學科系或分數可以發掘或養成的。今日公部門效能不彰或能力不足的原因很多，但絕對不是「他們都是念文法商的二流學生」導致。反而是我們對「優秀」的定義太過狹隘。所謂「好學生的頂尖人才」，在目前的教育體系下，很容易養成一群博聞強記，考試分數和技術一流，從小因為太「聰明優秀」，所以向來自給自足，不需要跟其他人溝通、合作、交換、折衝，不需要了解別人，缺乏同理心的「頂尖人才」。或是，讓我換一種正面的說法：適合做研究的優秀人才，他們需要專心不怕孤寂，需要針對利基領域無止境的探究，他們的熱情，在於找出人所未見的真理。這樣的「優秀特質」，也未必適合「處理公眾之事」的政府，或是「要與人溝通，願意耐心為人解決難題」的醫師與教授。

已經有諸多研究證實，成功、優秀與幸福的關鍵能力，都不是「智商」、「在校學業成績」、「好學校學歷」所能單獨左右。在美國引起極大注意的紐約時報暢銷書《孩子為什麼成功》一書，就清楚的分析出「毅力、好奇、自覺、樂觀」等「非認知性能力」，或說是「品格」，才是幫助孩子成功的隱形力量。

《親子天下》長期關注、報導「品格教育」，曾經越洋專訪美國品格教育的重量級學者李寇納（Tom Lickona），以一整本專刊的規模，完整呈現美國的新品格教育運動，以及落實於學校的成果和執行計畫。李寇納的研究團隊指出，品格教育，應該從過往「防弊」的補救角度，轉移到「興利」的發展。好消息是，所有的實證研究都顯示，品格力，就等於學習力。鍛鍊成就品格和道德品格，才是幫助我們的孩子，走向「優秀、成功、幸福」的必要條件。（見二七〇頁）

三個前提，面對管教難題

現況反思：品格新挑戰

整理／李佩芬

家庭，是奠定孩子品格的基礎；學校，更是深化品格教育的園地。面對新的環境、新的挑戰，如何教出有教養、品格好的下一代？

一端是管教過當。

小六女學生因為偷錢、逃家等偏差行為，被媽媽「懲罰」：剃了光頭去參加畢業典禮，全校譁然。

經常輔導兒虐個案的家扶中心曾指出，管教失當的家長，往往不是不愛孩子，而是看到孩子發生問題，火氣就來了，著急得「不知道該怎麼去愛？」

另一端卻又是驕寵縱溺。

一位國小老師反映，小學生遲到的情形愈來愈嚴重，而且每次小孩遲到，都是家長來道歉，還要幫孩子找藉口圓謊。她曾聽過一位「累犯」最離譜的藉口是：車子被鎖在車庫裡，沒辦法出門。

長年擔任業餘圍棋比賽評審、長清兒童棋院執行長單家平觀察，圍棋比賽時不乏家長刻意降報棋力參賽，以不誠實的方式提高孩子的勝率，只為了怕小孩輸棋，影響「信心」。

經常處理問題孩童的台大心理衛生中心主任與主治醫師高淑芬觀察，溺愛型父母的確愈來愈多。孩子有事鬧到警察局，匆忙趕到現場的父母就說「好啦好啦，你們要多少錢，我很忙，等一下還有事」。發生問題，只想到替孩子「擺平」，沒有想到「教導」，品格也因此難以在家庭中傳承、延續。

不僅家庭面臨教養困境，媒體也曾大篇幅報導，直指年輕世代「品格教育不彰」的新聞不勝枚舉：年輕人霸佔博愛座、大學生撿到錢卻要求三成酬金，連美國哈佛大學都爆發學生集體作弊醜聞……沸沸揚揚的新聞背後，蘊藏著校園推動品格教育，也同樣遭遇挑戰。

走訪國中、小校園，推動「與時俱進」的品格教育也是當務之急。長期鑽研品德與道德教育的台師大公民教育與活動領導學系教授李琪明，便曾在《親子天下》舉辦的各縣市品格推手學校與教師評選中，指出學校推動品格教育有著內容過於窄化，少與世界公民素養有所接軌的遺憾。

李琪明指出，各縣市被薦舉出來的代表學校與教師，多半都只籠統強調整潔、禮貌、秩序、感恩、孝親、尊師等品格，卻很少提及如何讓學生學習理性思辨、獨立判斷、相互溝通等世界公民應有的素養。

她觀察，常聽到許多校長與教師感嘆：「現在的學生怎麼這麼不聽話？怎麼意見這麼多？社會怎麼這麼亂？」因此許多學校的品德教育方案強調的「好孩子」樣貌，往往只是有禮貌、守秩序、上課安靜聽講、服從等特質；相形之下，學校如何教導孩子，使之具備未來公民應有的責任感、思考力、判斷力與行動力，就明顯匱乏。

青少年的公民素養跨國調查中，也不難窺見台灣「知道」多於「參與」的現象。

二〇一〇年，一項以十三歲中學生為調查對象，有三十八國參與的「國際公民教育與素養調查」

顯示，台灣學生的公民行動力，台灣國中生在公民「認知表現」排名居第四，但在「行為表現」上卻明顯落後。如學生在校內最常參與的公眾討論是班會，最不常參與辯論會，而曾主動參加校外活動的比率低於三五％，遠遠落後國際平均的六五％。

權力轉移的世代，老師父母難為

從家庭端觀察，這一代的父母，生於威權時代。多數沒有在愛、尊重與傾聽的教養環境中長大，不想重蹈自己童年的痛苦，也渴望跟下一代建立更親密、平等的親子關係。因而愈來愈多家長，放棄用過往權威、體罰的方式管教小孩。他們比以往的父母更認真吸收教養知識，懂得同理孩子的需求。只不過，孩子畢竟不如教養書上的案例那樣容易「馴服」。

（攝影／楊煥世）

「我也不想打他，但他就是不聽話，非得我拿出家法才有效，到底該怎麼辦？」一位家有六歲小孩的職業婦女焦慮的說。中正大學心理系助教陳怡群舉例，有些父母太忙，不願意在小孩身上付出時間。「父母帶了個小惡魔來，希望我們幫他『修理好』，還他一個小天使，」陳怡群提醒，「管教是要花很多時間的。」

從學校端來看，管教的難題也同樣困擾著老師。親師生三方角色的轉變，使得現在管教的問題愈來愈複雜。面對積極干涉或完全不管的家長；愈來愈「聰明」甚至會要脅老師的學生……

面對激烈的環境變化，這一世代的父母與老師，卻多數在

還未裝備齊全，甚至是還沒有警覺的狀況下就上了「戰場」，如同拿著木棍打一場核子戰爭。面對新環境、新挑戰，所有關心孩子品格與價值發展的父母師長，都需要重新學習新態度與新方法。

不能只有愛沒有教導，也不能只有「管」沒有「教」

愛是一切關係的源頭，但僅僅有愛是不足夠的。只有愛而沒有教導，會讓孩子缺乏責任感與獨立性，產生被寵壞的下一代。

《正向教養這樣教》一書作者約翰．葛瑞博士強調，給予孩子自由和權利的前提，是父母必須具有制衡的力量以掌控孩子，並激發孩子的合作意願。「就像一個人想開快車，必須先確定煞車設備是否完善。若沒有規範孩子的行為技巧，就別給孩子過多的自由。」

但缺乏關懷與愛的嚴厲管教，也不會有效果。沒有同理心的威嚇與指責，打罵教育、缺乏讚賞與正向的引導，只會讓孩子更反叛。

對教師而言，也必須認識到：「管」與「教」其實是兩件事，「管」是一種權力關係，「教」則必須建立在愛與了解之上。當老師的管教是以愛與了解為根基，學生學到的不僅是規矩、禮貌等表面作為，而是更可能因為對老師的認同與感情，願意深刻理解老師思考事情的方式，以及面對世界的價值選擇。

帶著愛的管教，是新一代父母與老師必須要有的「基本知能」，更是品格教育的重要基石，幫助孩子得以從他律發展到自律，形成正確的價值觀與道德主張。專家建議，培養好品格，可先從認識三個基本前提開始：

前提一、傳統價值並沒有改變，改變的是學習的歷程

多元複雜的社會樣貌，常讓父母混淆，以為過往的價值再也不適用。其實基本的價值觀，如誠實、同理心、正義感、謙遜、尊重等，乃至於看似八股的忠孝仁愛信義和平，這些文化裡的「終極價值」並沒有、也不應該改變。道德、信仰與價值，仍然是引領孩子終其一生得以安身立命的「指導綱領」，值得父母殷殷叮囑，時刻看管。

鑽研品格與道德教育的師大教授李琪明強調，隨著時代改變的，不是價值本身，而是傳遞價值的歷程。

過往威權時代的品格教育，父母對子女的教導，就是毋庸置疑的對或錯，不必問為什麼，「反正照我說的做就對了」。但是民主多元時代的品格與價值教育，不是要培養一個「乖順聽話」的孩子，而是在複雜的環境裡，仍有獨立思考的判斷能力；即使沒有一個發號施令的「權威者」，仍有內在不被影響的價值主張。這需要透過多元開放的討論歷程、啟發同理心與感動，幫助他們建構出「自己的」價值框架，而不是拿東西直接套在他們身上。

譬如從小開始，孩子就可以和父母一起討論家裡的規範，參與制定學校的班級公約。「參與討論」讓孩子把「聽別人的」的無奈，轉變成「我覺得這樣很好」的積極。

台北市立教育大學教育系教授但昭偉也指出，從品德教育的方法論來看，也有許多從「應當做」到「如何做」努力空間。如從「要求勇敢」到「怎樣才能勇敢」、「不要亂發脾氣」到「如何控制怒氣」，或是從「應該讓位」到「如何讓位」等等，是品格教學現場普遍失落的環節。

民主多元時代的品格教育，
不是要培養「乖順聽話」的孩子，
而是在複雜的環境裡，仍有獨立思考的判斷能力。

前提二、透過討論與思辨，讓孩子學會「為自己的選擇負責」

孩子可以從小就開始做選擇，並且學會為自己選擇的後果「負責任」。即使再小的孩子，也可以開始做一些小小的決定和選擇。為自己的選擇負起責任、刺激孩子思考「解決問題的方法」，才能讓孩子培養「我能」的勝任感。例如，兄妹吵架起爭執，與其叫他們「不要吵」或責備處罰，不如問他們「覺得應該怎麼處理？」

孩子做錯事，其實正是學習的好機會。當孩子出現行為問題時，父母可以運用開放式的提問，教孩子從錯誤的行為中汲取經驗、學會自己面對問題、釐清問題的癥結、嘗試解決問題的各種技巧、思考出替代行為的方案，進一步提升解決問題的能力。

在學校端，若能廣泛善用提問，不給答案的丟出問題，引導讓學生自己找答案，其實才是讓學生真正「有所得」的學習。「就好像產婆接生，老師只能在旁邊加油吶喊，但要把孩子生出來，還是得靠產婦自己，學生要有所得也是同樣道理，」任教於師大公民教育與活動領導學的林佳範戲稱這是「產婆教學法」，如同蘇格拉底與學生之間的對話，老師的角色不是給答案，而是引導孩子自己說出答案。

前提三、做好親師溝通，管教者立場一致，才能事半功倍

父母之間、教師與家長，乃至於隔代照護的長輩，對重要的價值主張立場一致，才是品格教養最好的環境。

許多研究都顯示，親師關係對孩子不論在學業表現、行為品格上都有巨大的影響。擁有正向的親師關係，孩子在各方面都會有更佳表現，反之則否。家長希望和老師建立好的親師關係，牽涉到許多微妙的心理感受與互動、溝通的技巧，但最重要的是同理心，擁有一顆柔軟的心，是親師正向互動的基石；當孩子從大人身上看到正向的溝通示範，也是最好的身教。

當親師透過理性溝通，共同教養者應該對重要的教養原則建立「明確的期待和規則」，儘量避免在孩子面前意見分歧，不要讓孩子有機會因父母、隔代、親師間的不和，而使自己得利。若親師能儘量站在同一陣線，品格教育也才能在親師的信任與尊重之中，扎根成長。

（原各篇章作者／何琦瑜・李佩芬・李宜蓁・許芳菊・張瀞文）

在雙倍挫折中等待

人物專訪：教育博士李琪明

文／李宜蓁

小孩做錯事，責罵他很容易，但他不會真正學到東西。身為教育學者的李琪明，費盡心思陪伴兒子成長，沒想到進入青春期的兒子卻拒絕學習。雙倍認真卻帶來雙倍的挫折，李琪明如何重新找回教養的力量？

兒子國三生日那一天，師大公民教育與活動領導系教授、研究品格與道德教育的專家李琪明，十分沮喪的，想跟兒子寫一張生日卡片，裡面詳列她認為兒子需要改進的十大要點。

想起國中三年都趴在桌上上課的兒子，上了國中後成績不好，經常眉頭深鎖，面露兇光；想起自己要向老師道歉兩個小時，處理記過危機；身為教育學者，從小到大循規蹈矩、講起話來總是溫和良善的李琪明，常常看著眼前憤世嫉俗的兒子自問：「這真的是我的孩子嗎？」

一個拒絕學習、鬱悶的狂飆青少年，挑戰了李琪明所有的教育理念。面對那張準備攤牌的生日卡片，她強迫自己轉念：是不是有可能找出孩子的十大優點？她開始想，想了很久很久。

兒子收到「十大優點」卡片的那一刻，臉上表情像是融了冰似的開心，卻仍是很酷的回應：「你沒有寫我電動打得很好。」看到兒子主動把卡片放在書桌前，李琪明也從挫折感中重新找回教養的力量。

身為教育專家，李琪明對身為母親的「自我期許」與要求，從來沒有放鬆過。孩子從小到大，她不曾體罰，十八年如一日。她答應兒子的事必守承諾。除了一次出國開會例外，自兒子幼稚園起的每個家長日，她從未缺席。

李琪明很自然的把她在學校教的品格教育整套搬回家，時時念茲在茲，以身作則。家規不是李琪明訂、兒子照做就好，她堅持很民主的跟他討論。

好比打電動的時間限制，母子倆能心平氣和的來回推敲很久，單機版可以直接訂定遊戲時間，多人合作的線上版則應該打完一個回合下線，才算真的合理。

「我的父母覺得，女兒這個教育博士怎麼沒辦法教孩子，要跟他談那麼久？教育不是應該很有效率嗎？」李琪明誠實又不好意思的說，有時下班好累，不想花腦筋，很想擺出權威丟下一句：「就是這樣了。」不過她理性的那面還是會跳出來，放下身段耐心的跟兒子對話。

為了跟孩子有對話的素材，從小運動細胞不發達的李琪明，刻意為了愛運動的兒子，主動學習球賽規則。全家一起看比賽，特別關心NBA球星湖人隊布萊恩的新聞，只為跟兒子開啟對話。

兒子小時候，每週六下午夫妻倆一定陪他運動；因為是獨生子，夫妻百忙中還特地和兒子一起加入童軍團，讓他融入團體生活，學習生活基本技能；夫妻倆花一番功夫精選一家不只教畫畫技巧的美勞工作室，讓兒子接觸美術各種素材，培養審美能力。

李琪明每月條列整理兒子的德智體群美五育，反省哪裡不足，認真評估改進，希望朝全人教育方向前進。

雙倍用心換來雙倍挫折

或許是因為如此認真，兒子進入青春期突然發生的狂飆與轉變，讓李琪明有著旁人更難體會的雙倍挫折。

兒子進入青春期後有好長一段時間，變得不太講話。她刻意發問，他卻冷漠以對：「吃飯就吃飯，幹嘛講這麼多話。」或只吐了一句：「你很煩耶！」對話終止。

國中後，兒子成績一落千丈，情緒常無來由的激動。國一那年愚人節，全班同學把板擦擺在門上想捉弄老師，本來只是一場遊戲，結果竟擦槍走火，老師氣到嚷著要記過。李琪明跟老師說盡好話，整整道歉兩個鐘頭。類似的狀況不勝枚舉，讓李琪明疲於奔命，傷心且挫折。

好多次，她得深呼吸調整心情，才能平靜面對兒子的成績，但她不斷自問：「為什麼這個孩子跟我完全不一樣？」

求學到教書，一路走來都是好學生、優良教授的李琪明，把兒子的成績單看成是自己的。好多次，她得深呼吸調整心情，才能平靜面對兒子的成績，但她不斷自問：「為什麼這個孩子跟我完全不一樣？」

面對青春期狂飆的兒子，「累，倒是其次，但內心的挫折感卻是雙倍的」。李琪明自認從小費盡心思教育，周到、體貼的陪伴，完全符合一個教育博士的理念，怎麼會導致孩子趴在桌上三年，拒絕學習？

李琪明跟先生不斷安慰彼此，試圖平衡每天看著兒子懵懂茫然的心情落差。用餐時兒子不想講話，他們給予尊重，而她仍按部就班分享自己的生活與觀點，不放棄的陪伴；愛美的兒子想點痣、穿耳洞，他們沒有隨口回以：「你不要那麼愛美！」而是先接納，幫他找安全的方法，找出兩全其美的相處之道。

轉個念　讓孩子自在伸展

夫妻倆轉念不再拿成績當指標，慢慢找出兒子其他優點，拉寬人生的可能性，正面看待兒子走上與她截然不同的道路。後來兒子就讀大安高工，結交了許多愛運動的朋友，找回學習樂趣，彷彿終於得到該有的滋養般，自在伸展成長。

回頭看這段似雲霄飛車般的親子關係，李琪明滿懷感謝。「現在我可以非常深刻感受到，成績不好、情緒不穩定的學生，到底是什麼心情，這對我談教育歷程有很大的啟發。如果我孩子也是資優生，我就完全沒辦法體會。」

如今，兒子早已度過青春風暴，現在的他，有獨立思考的能力，人緣好、充滿正義感，身體健康、愛運動，和父母相處愉快。李琪明曾好奇的問兒子，國中那三年到底怎麼了？兒子自己也說不上來，好像心裡燒著一把莫名的火，整個人變得很衝很嗆。

那場青春風暴，彷彿只是一場成年禮。

對教育博士李琪明來說，這又何嘗不是一堂真實的「教育課」？當孩子不符期待時，才能檢驗教育的真諦，愛的無底線。

從「防弊」到「興利」

他山之石：美國品格教育第二波

文／陳雅慧

品格教育真的無法深入、無法評量、無從推廣嗎？美國原本推展品格教育只是為了「防弊」，但在「品學兼優高中報告」出爐後，發現品格教育可以「興利」。《親子天下》親赴美國，專訪推動品格教育的大師李寇納（Tom Lickona），解析「品學兼優高中報告」的具體內涵與行動方案，豎立品格教育新典範。

為了深度了解如何「教出品格力」，《親子天下》越洋採訪美國的品格教育現場，專訪全美推動品格教育的靈魂人物、專家教授，並深入品格典範學校。

美國推動品格教育已是全民運動，二十多年的發展，使得美國中小學有完整的品格教育推動體系，以及豐富的品格教育教學資源。在「怎麼教」的層次上有理論和研究做為後盾，有完整的實踐方法得以在學校普及，值得台灣借鏡。

美國品格教育重量級的學者李寇納（Tom Lickona）教授，自一九九〇年初以來，其研究成果被廣泛運用於全美各地中小學。

二〇〇五年，李寇納和學生大衛森（Matt Davidson）博士更提出了「品學兼優高中報告」（Smart and Good High Schools），分析品格教育和學業表現相輔相成的密切關係，這份研究報告扭轉了美國品格教育典範。

一九九〇年初美國推動品格教育時，動機著眼在解決學生價值紊亂的問題，把品格教育當做解決不當行為「防弊」的補救措施。但是「品學兼優高中報告」的結論則打開了另一扇窗：品格教育可以「興利」，學業成就表現卓越的高中，往往也是品格教育推動成功的學校。

品格教育進入新時代

「品學兼優高中報告」的提出，宣示美國的品格教育進入了一個新時代。從過去「補救」、「協助」的助攻角色，轉變成為教育哲學的基礎和追求全人教育的途徑。

品格教育不只可以教出「好學生」，更是成為一個「優秀的好學生」的必要條件。也就是說，品格力等於學習力，相輔相成不可或缺。

李寇納和大衛森不斷強調，品格有兩個重要的基礎：追求卓越的「成就品格」和追求良好德行的「道德品格」，兩者缺一不可。

「成就品格」不等於成就。成就，如成績、榮譽是結果；但是，成就品格指的是紀律和努力，那些激勵個人追求最好表現的內在性格。所以一般人有可能得到了「成就」，但是並沒有展現「成就品格」。譬如資優學生沒有盡力卻能拿到好成績。此外，成就品格在動機上追求的是任務目標，也就是希望自己的表現比過往更好；而非自我目標，一心只想

品格就像是肌肉，需要時間慢慢鍛鍊。
導入品格或建立規範時，必須靠日復一日的作為來累積。

超越別人，容易陷入焦慮和使用欺騙的手段。

「道德品格」是指如正直、正義、關懷、尊重等品格，讓我們和他人、也和自己維持友善關係。道德品格也可以緩和我們追求成就的功利心，提醒我們在追求成就時，不要違反公平、關懷和誠實等價值。也就是說，道德品格確保我們以合乎德行的方法追求成就。

「品學兼優高中報告」最重要的貢獻是，不但提出了新的典範，同時更蒐集了學校可以學習和參考的方法。這份報告針對研究期間參訪的二十四所傑出高中，將推廣品格教育的數百種做法依據品格力的優勢加以分類、消化，等於是進行了品格教育「怎麼教」的深度田野調查，提供了其他學校豐富的素材。

品格教育現在在美國人的心目中，已從「重要」提升為「必要」。也就是說，必須教育小孩從小的時候就很清楚堅持對的價值，否則很容易被外在價值影響。小孩自我的中心價值如何建立，不在於爸爸媽媽說什麼，或是學校牆上的標語貼了什麼，而是看大家都怎麼做？碰到問題怎麼解決？犯錯之後怎麼面對？家長或老師生氣的時候如何反應？這是一種抽象的文化，展現在家庭稱為家風，在學校則是校風。

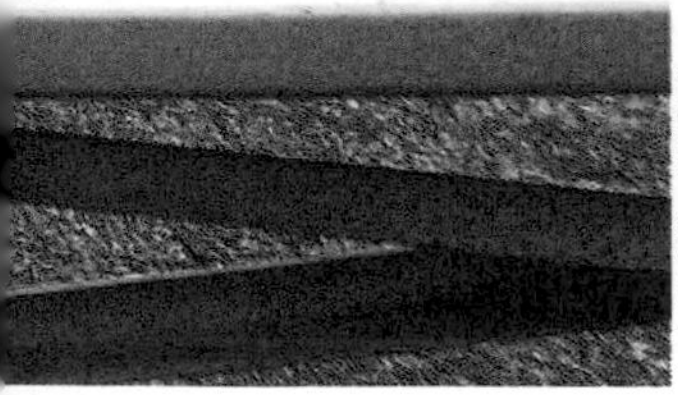

（攝影／楊煥世）

四關鍵，塑造品格教育環境

品格教育的文化該如何建立？靠得是反覆累積的關鍵作為。就像做生意一樣，每家企業有自己獨特的企業文化，日復一日的操作，最後這些文化形成企業特色。

所以，當家庭、學校想要導入特定的品格或建立某種規範時，也必須靠日復一日的作為來累積。品格就像是肌肉，需要時間慢慢鍛鍊。一旦文化建立，大家對於共同的價值有共識之後，這種文化就會反過來影響個人的日常作為和品格。

「品學兼優學校報告」的研究也發現，要創造出一個「品學兼優」的學校，最重要的就是要創造出專業的品格學習社區。這樣的社區成員不僅包含學校領導者、老師和職員，甚至教練、巴士司機、校工都同樣重要；也就是說，學校必須全體總動員，才能塑造出最好的環境。這份報告指出，塑造一個品格教育能穩健扎根的專業品格學習社區，必須具備四個重要關鍵：

1 **營造支持和砥礪的團體**：建立起團體的規範，讓團體中的每位成員都對追求卓越表現和最佳自我有共識。對每年的新生舉辦深入的說明會，讓他們理解學校的要求和文化。建立諮詢輔導小組，讓學生不孤單，有同伴和支援。

2 **訓練自我檢視的能力**：協助學生設定具體目標，並定期檢視是否達成進度；提供學生建立自我評估的工具，譬如記錄自己的學科成績；協助每位學生從進入學校開始，就建立個人的願景和使命。

3 **借鏡同儕**：在歷史和文學的課程中，帶領學生討論歷史及文學人物的成就品格和道德品格；邀請身邊各種人物來演講和分享，讓學生有機會訪問各行各業的人物，並討論和分析不同職業所需的不同品格；邀請校友回校和同學分享。

4 **在公眾面前呈現成果**：不管在同儕面前，在全校或社區面前，時時利用機會讓學生發表成果。鼓勵學生參與社區活動；利用競賽的機會讓學生體會動機和學習追求卓越；鼓勵學生參與實際的工作經驗，用他們的雙手接觸不同生活。

「品學兼優學校報告」提出了品格教育的新典範，這個新典範其實需要更多學校和父母的參與。因為，從這些報告和發現中看到，品格教育的課程並不艱澀，教法也沒有太多技術，難的是身邊的人怎麼做？怎麼示範？能不能堅持？能否日復一日形成文化？這才是品格教育得以成功推動的關鍵。

品格力＝學習力

焦點專訪 李寇納（Tom Lickona）

文／陳雅慧

李寇納（Tom Lickona）是美國最早提出品格教育學術架構的學者。

自他發表了「品學兼優高中報告」後，徹底扭轉美國品格教育方向。

他最大的發現是什麼？他對推動品格教育，有什麼新的角度與建議？

Q 美國品格教育發展的歷程為何？當初在什麼樣的大環境下，體會到品格教育的迫切？

A 美國的品格教育在一九八〇年代開始由下而上的推動。為什麼？因為老師發現學生變了，學生不會辨別對與錯。這和當時社會氣氛以個人價值為主有關，年輕人普遍覺得「只要我喜歡，有什麼不可以」。加上實證主義的影響，大家對於何謂「品格」莫衷一是。到了八〇年代末九〇年代初，大家發現必須做點事情，來修補支離破碎的美國價值。

（攝影／楊煥世）

不同的民間組織興起，CEP（Character Education Partnership，品格教育聯盟）是其中一個重要的組織，最重要的貢獻是：第一、結合了相關學者和老師們每年開一次年會，以學術研究做為推動品格教育的基礎。譬如，研究推動品格教育是否可以降低校園霸凌現象？在推動前和推動後的情況各如何？哪些是關鍵作為？第二、CEP提出了品格教育的十一項原則，以及評估這些原則實行的具體指標。從此以後，在相同領域內的人就可以用同樣的語言來溝通和檢討，有同樣的指標可以觀察、掌握進度。第三、CEP舉辦全美最佳品格學校選拔。每年選出十個推動品格教育最佳的學校，不但吸引了媒體的目光，也讓品格教育有了實踐的案例可以借鏡。

另外一個重要的組織是「品格至要」（Character Counts!），提出了六大支柱：尊重、責任、公平、值得信賴、關懷、公民責任。這六大支柱因為價值中立，很快贏得各政黨的支持，宗教團體也沒有異議。一九九四年，政府也首度編列預算開始注入公共學校，推動品格教育。政府的介入是品格教育開始在美國公立學校快速展開的關鍵。

Q 在「品學兼優高中報告」中，最重要的發現是什麼？

A 最近幾年，美國上上下下對於推動品格教育不遺餘力，幾乎成為全國運動。幾乎所有的公立中小學都有品格課程，但是我們發現到了高中，品格教育往往被忽視。高中老師多半覺得自己是專科的老師，不認為自己該負起品格教育的責任。

這份報告中，我們遍訪了全美二十四所卓越高中，發現這些學校的共同點是，相信教育有兩個重要的核心目標：在學業上成長、品行上受到薰陶，也就是追求卓越和德行。「品格教育」就是追求卓越和德性的途徑。

我們首次提出，「品格」有兩塊重要的基礎：一是追求卓越的成就品格（performance character）和追求良好德行的道德品格（moral character）。「成就品格」是在任何領域追求卓越的能力，如：企圖心、自信、創意、勤勉、好奇、挫折忍受力等。「道德品格」則是和他人維持友善關係、自制和負責的德行，如：同理心、友善、誠實、耐心、合作、謙虛等。

若是學校不重視「成就品格」，人民可能缺乏競爭力和生產力。不重視「道德品格」，社會上可能充斥著貪婪、缺乏社會責任的企業家和銀行家。

Q 你提到的多半是學校該怎麼教品格，那麼家庭該扮演什麼角色？

A 家庭是品格教育的基礎。我十三個孫子都是在家自學，自學是目前美國最快速成長的新教育趨勢。研究顯示，自學小孩表現很優異，因為他們獲得最了解自己的老師——父母一對一的教導。現代社會中，學校、家庭和媒體是影響小孩品格形塑的三大力量。但對很多小孩來說，媒體往往是破壞品格教育的力量。若父母又無法控制小孩接觸媒體的品質，學校老師也沒有教授學生媒體識讀的能力，這對於品格教育將是很大的危機。自學的家庭，在媒體接觸這部分相對獲得比較好的關照。

我訪問過很多老師和校長，他們共同的觀察是，家庭的改變太巨大了。在一九六〇年代，單親家庭的比例大約只有二十分之一，現在平均每五個美國學生中，有兩個來自單親家庭。原本父母該是小孩品格教育的導師，但許多人因忙於家計被迫缺席，現在必須由學校負起這個責任。

Q 學校有可能取代父母嗎？

A 不可能。我覺得有些學校最大的錯誤就是想要承擔全部品格教育的工作，這是大錯特錯，尤其是對於青少年階段的學生。看看那些推動品格教育成功的學校，都有兩個共同點，第一就是把品格教育放在第一優先，第二是鼓勵家長深度涉入。父——母——一——定——要——深——入——參——與（李寇納每說一個字，就敲一下桌面強調）。

比方說要父母參與相關的家庭作業，或是請學生訪問父母：「你有沒有真正的朋友？維持多久的友誼？」、「你覺得什麼是真正的朋友？」、「有沒有不是真正的朋友？你交過不是真正的朋友嗎？」

我想很多父母從來沒有思考過這樣的問題。透過這樣的討論，不但可以讓親子互動更好，也可以真正落實品格教育，不致於流於形式。

成功不會給孩子一輩子的快樂

焦點專訪 塔爾・班夏哈（Tal Ben-Shahar）

——文／陳雅慧

追求成績、工作、事業的成功，是我們從小就被傳遞灌輸的人生重要價值。然而，一門被瘋狂下載的哈佛大學網路開放課程，提醒了我們，成功與快樂並無法畫上等號……

塔爾．班夏哈（Tal Ben-Shahar）在哈佛大學開設的「正向心理學」名列哈佛史上最受歡迎的課程，選修人數超過一千四百人。這堂人生的「幸福學」，在網路上造成轟動，也讓全球網友瘋狂下載。

因為大學時代個人的不快樂，讓他開始投入心力，研究「如何可以更快樂」。在正向心理學領域中，他整理出許多具體的研究結論，可以幫助自己變得快樂，因此也希望讓更多人知道並練習實踐。

班夏哈受邀到世界各地演講，他觀察到，現在各國人才的最大危機就是：年輕人的憂鬱和專業工作者的崩潰，教育必須「停止製造單面向人才」。

班夏哈離開哈佛大學，二〇一〇年在以色列的賀茲利亞學院創立梅堤夫中心（Maytiv Center），以正向心理學的研究和發現為基礎，發展幼兒園到中學老師的師訓課程。因為班夏哈發現，科技和都會型態的經濟發展環境，讓下一代孩子憂鬱的比率愈來愈高，學習「快樂」必須愈早開始。

二〇一三年六月，班夏哈接受《天下雜誌》邀請來台灣演講。《親子天下》專訪時，他提到「當爸爸」這個角色是他人生中最困難的挑戰，比擔任哈佛大學教授或五百大企業執行長的顧問

（攝影／劉國泰）

塔爾・班夏哈（Tal Ben-Shahar）小檔案

現職：以色列賀茲利亞跨領域學院（Interdisciplinary Center, Herzlyia）創辦人

經歷：擁有哈佛大學組織行為學博士學位。曾任教哈佛大學，在哈佛開設的「正向心理學」及「領導心理學」名列哈佛史上最受歡迎的課程。

還要難。他從一個三個孩子的父親和心理學者的角度，給父母和老師許多誠懇的建議。

Q 從什麼時候開始，你對研究「快樂」產生興趣？

A 當年在哈佛大學念資訊系的時候，我不快樂。那時我是個專業的壁球選手（贏過全美賽冠軍），讀最好的大學，成績很棒……過去所學到的一切都告訴我：「我應該很快樂！」但是，我不快樂……。

那時，我迫切想知道：「為什麼我不快樂？」「如何可以變快樂？」後來轉去念心理系，這段找答案的歷程學到第一個重要的功課就是——「你有多成功」和「你有多快樂」是沒有必然關係。

舉兩個例子，一個是我的老師哈佛大學心理系教授丹尼爾．吉伯特（Daniel Gilbert）做的研究：追蹤大學教授得到終身教職的快樂程度。在美國，擔任大學教授最重要的就是拿到終身教職。因為在頂尖大學的教授，若是不能升遷就得離開，所以能夠拿到終生教職就是學術界最大的成功。

這個研究追蹤了許多教授「得到」或是「沒得到」終身教職半年後和一年後的心情。結果發現，在事過境遷一段時間後，這些教授心情上快樂的程度竟是相同的。也就是說，得到時的狂喜和失去時的谷底低潮都會過去，學術事業上的成功，對於人生長期的快樂是沒有影響。

另外一個是非正式的研究。我問修我課的學生：「拿到哈佛大學入學通知書那一天，心情是否超級開心？」一千多位學生幾乎所有人都舉手。我又問他們：「在拿到入學通知那一天時，你相信會繼續快樂一輩子的請舉手。」幾乎一千個學生都繼續舉著手。我又問了第三個問題：「今天很快樂的舉手。」結果，幾乎多數人的手都放下來了。

這些學生從小聽到的事實就是如此：現在辛苦一點沒有關係，只要等你進了第一志願夢想學校，你就會快樂，一切都沒問題，人生就無憂無慮。你會得到很好的工作，進入第一志願的公司，一輩子就高枕無憂……。

但事實不是如此，八成的哈佛學生都曾經歷焦慮和憂鬱。世界各國的青年憂鬱比率都在成長。中國也公開呼籲，要重視大學生的心理健康，這很不尋常，顯然問題嚴重到一定程度。許多人仍然相信成功會帶來快樂，但卻不是如此。

Q 為什麼你沒有繼續留在哈佛大學教全世界最聰明的學生？卻選擇回到以色列設立師培中心，專門用正向心理學來訓練中小學的老師？

A 為了更快樂！可以和家人有更多時間相處。

當孩子誕生後，我經歷了為人父母的許多挑戰，第一次知道我必須要學這麼多事情。當父母是我人生中最困難的挑戰，這工作比起為《財星》雜誌五百大企業當顧問和在哈佛大學當教授都還要困難。

很可惜，沒有一所學校教我們怎麼當父母，我們可以到學校學管理、法律和學當老師……卻沒有地方學習當父母。其實，在正向心理學和發展心理學領域中，有很多研究結果是可以幫助我們當一個更好的父母和老師。父母應該要知道這些資源、獲得這些工具。

Q 父母對你影響很大嗎？

A 是的。父母是我人生中最重要的老師，他們教我的第一件事就是家庭和關係的價值。這兩件事是幸福人生最重要的部分。身為子女我們也從不懷疑自己是他們生命中最珍貴的。

他們非常認真看待我的夢想。在我小的時候，不管我展現的是對於縫紉、體育或是學業上的興趣時，他們總會全力支持。但他們有一個堅持是，當我們決定開始學新的東西，譬如樂器，就必須至少學一學期。他們給孩子選擇的自由，小孩也必須展現負責和堅持的態度。

我的母親是中學生物老師，在課堂上，她是一個非常嚴格的老師，但幾乎所有學生都把她當做第二個母親。我從父母身上體會最深的是，能夠把紀律和尊敬，邊界和自由結合得最好的，就是最好的父母和老師。

現在，我自己是爸爸，深深體會當父母很不容易，天天會犯錯。我有一個很好的朋友，他是兒童發展心理學家。當我大兒子四歲時，那時家裡也有了老二，我告訴這位專家，真希望四年前兒子誕生時，就已經具備現在當爸爸的一切經驗和知識。因為若是這樣，我就不會犯這麼多錯。朋友告訴我：「沒關係，因為你會繼續犯其他的錯……」

Q 你在師訓中心，接觸中小學老師的經驗中觀察，現在當老師最大的挑戰是什麼？

A 最大的挑戰是，現在整個教育系統關注的焦點太單面，都只聚焦在「學業成績」。這當然是很重要的事，但是當成績變成「唯一」評量學校和老師的面向，當大家都假設在這面向努力，可以保證你進入頂尖大學、獲得好的工作、賺大錢、保持長遠的幸福……這是完全錯誤的假設。

事實上，研究發現：幸福的學生，才會變成更好的學生，可以更專注、更有創造力。這就是為什麼必須要把正向心理學放在教育裡，而且必須愈早開始愈好。

正向心理學之父馬汀．塞利格曼（Martin Seligman）當年在賓州大學開設正向心理學課程時，他先問上課的學生一個問題：「你最希望你孩子成為什麼樣的人？」多數人的答案是：「幸福快樂、擁有健康的人際關係、個性有彈性、能面對挫折困難等等。」

接著，他又問了第二個問題，現在的學生在學校會學到什麼？答案是：「數學，地理，語文……」

你是不是也發現，這兩個問題的答案有很大的不同。我們希望孩子變成什麼樣子？和我們讓他們學什麼，幾乎沒有重疊的部分。學習語文、數學、歷史都很重要，但是，讓學生有更好的能力可以探索和享受生命也很重要，學校關心的焦點不應該只有學業。

因為學業的成就可以量化評量，所以現在的學校學習都過度偏向這個面向。

Q 比較好的教育應該是怎樣？

A 全人教育包括了五個面向：精神靈性、體能、智慧、人際關係和情緒，要追求幸福的人生，必須是這五個層面的全面關照。

精神和靈性層次不一定是宗教，也可以是教孩子怎麼追求一個有意義的生命。情緒是要學會怎麼面對生命中的挫折，培養彈性。每一個層面都很重要，都必須要學習。但是除了知識的學習外，我們很少教給孩子其他面向的經驗和工具。

而且，學校追求短期的績效，讓人擔心的是，在知識面向的投入，其實現在也走錯方向。根據研究，現在每個人在電腦網頁上平均每頁只停留七秒，這樣短的時間根本不夠深入了解資訊。若長期下來，我們沒有機會讓大腦練習深度的理解和專注的思考，沒辦法慢慢的讀一首詩，未來也就很難和人發展深度有意義的關係。

Q 為什麼現在會有這麼多學生憂鬱？

A 其中很重要的原因是缺少運動。以前走路活動機會很多，現代生活愈來愈便利，早上開車上學，整天坐在電腦前，餓了叫外賣，不再需要去外面覓食打獵。當我們不動，付出的不只是身體健康的代價，還有心理健康的代價。

憂鬱的另外一個主因是愈來愈少和人有真實接觸的機會。臉書上一千個朋友比不上和一個真正的朋友深入對談。很多研究顯示，面對電腦的時間愈多，快樂愈少，因為實際生活會愈來愈寂寞。有人以為擁有一千個臉書朋友會減少寂寞，其實反而更寂寞，寂寞是不幸福的主要原因。

Q 下一代孩子要面對最大的挑戰是什麼？

A 最大的挑戰是他們將會二十四小時和科技連接，這代表更少機會和真實世界互動。研究顯示，現代孩子的同理心比起二十年前的孩子明顯下降。為什麼？想想同理心是如何發展？必須經歷和朋友或是手足一起玩、一起打架、拌嘴、和好……這樣的歷程。同理心必須在親密接觸中形成，無法在我們幫朋友按讚的時候產生。我覺得臉書很棒，但有時我們必須和科技適度切斷，才能和「人」真正建立關係。

Q 父母可以做什麼？

A 最能有效預測孩子未來能否擁有幸福的關鍵是：童年時是否常常和父母一起用餐。家庭裡的餐桌時間，往往就是分享的時間、也是最好的教育時間。

我們家有一個傳統，就是每星期五，我的三個小孩和祖母一起晚餐的時候，都要分享一件開心的事情或是一件自己做的好事。

剛開始也會覺得找不出好事講，但全家都會一起認真做這個分享，從祖母開始都會仔細思考。後來形成一種家庭氛圍，我的小女兒每週都會很認真的想，有哪些開心的好事，週五可以和祖母分享，這也改變了她看事情的角度。

是的，現代社會很多父母都很忙。那我會問這些父母，早上起床會不會每天刷牙？為什麼？這麼忙為什麼還要天天刷牙，因為這是優先的事。

我們必須把孩子當做我們生命的優先，每天回家一起吃飯時，把電話、email 關掉，專心一起享受。尤其是假日時，多花時間和家人朋友相處，深度的交流。因為從大量研究看到，擁有好的家人、朋友的健康人際關係，才是形成長期幸福最重要的關鍵。

學習與教育系列 139

翻轉教育

未來的學習・未來的學校・未來的孩子

翻轉教育：未來的學習・未來的學校・未來的孩子

《親子天下》雜誌編輯部著 -- 第一版 -- 臺北市：天下雜誌，2013.11

288面 ;17*23　公分. -- （學習與教育；139）
ISBN 978-986-241-801-7（平裝）

1.教育改革 2.趨勢研究

520　　　　102021836

文字｜何琦瑜、賓靜蓀、陳雅慧等《親子天下》雜誌編輯部
攝影｜楊煥世、黃建賓
責任編輯｜李佩芬
封面設計、內頁版型｜黃育蘋

發行人｜殷允芃
創辦人兼執行長｜何琦瑜
副總經理｜游玉雪
總監｜李佩芬
副總監｜陳珮雯
資深編輯｜陳瑩慈
資深企劃編輯｜楊逸竹
企劃編輯｜林胤孝、蔡川惠
版權專員｜何晨瑋、黃微真

出版者｜親子天下股份有限公司
地址｜台北市 104 建國北路一段 96 號 4 樓
電話｜（02）2509-2800　傳真｜（02）2509-2462
網址｜ www.parenting.com.tw

讀者服務專線｜（02）2662-0332　週一～週五：09:00~17:30
讀者服務傳真｜（02）2662-6048　　客服信箱｜ bill@cw.com.tw
法律顧問｜台英國際商務法律事務所 ・ 羅明通律師
製版印刷｜中原造像股份有限公司
總經銷｜大和圖書有限公司 電話：（02）8990-2588

出版日期｜ 2013 年 11 月第一版第一次印行
2021 年 4 月第一版第十一次印行
定　價｜ 250 元
書　號｜ BCCE0139P
ISBN ｜ 978-986-241-801-7（平裝）